Dr. Lumir Bardon

Dr. M.K.

Erinnerungen an Franz Bardon

W0241520

1996

Rüggeberg -Verlag Wuppertal

© Copyright 1992 by
Dieter Rüggeberg - Verlag
Postfach 130844,
D-42035 Wuppertal

Alle Rechte vorbehalten, einschließlich der fotomechanischen Wiedergabe und des auszugsweisen Nachdrucks.

2. Auflage 1996

Printed in Germany

ISBN 3-921338-18-2

Inhaltsverzeichnis

Dr. Lumir Bardon

ERINNERUNGEN AN DEN VATER

"Oh, mein Papa", so fängt ein deutsches Lied über einen Clown an, welches mein Vater sehr gern hatte, und welches er öfter mal von der Schallplatte spielte. Mein Vater Franz Bardon wurde am 01.12.1909 in Troppau/Opava geboren als der erste Sohn von Viktor Bardon und seiner Gattin Hedwika geb. Herodkova. Sein Vater arbeitete in Troppau/-Opava in der Textilfabrik Juta als Maschinenhersteller. In seiner freien Zeit hat er sich auch mit Hermetik beschäftigt. An diesen Großvater habe ich keine Erinnerungen. Er starb, als ich nicht ganz sechs Jahre alt war, dadurch, daß er von einem Baum herunterfiel, als er Lindenblüten pflückte. In meinem Gedächtnis ist nur die Erinnerung an sein Begräbnis, bei dem ich auch anwesend war. Das war während des 2. Weltkrieges.

Mein Vater als der Erstgeborene mußte für alle anderen Geschwister sorgen. Sie waren insgesamt zwölf Kinder, von denen die meisten aber bereits im Kindesalter gestorben sind. Bis zum Erwachsenenalter sind nur vier Schwestern am Leben geblieben, Stefanie, Anna, Marie und Beatrix. Nach der Grundschule hat mein Vater eine Lehre als Reparaturschlosser von Nähmaschinen im Betrieb Minerva absolviert. Während der Lehrzeit ist mit ihm eine Veränderung vor sich gegangen, wie es im Lebensroman "Frabato" beschrieben ist. Durch seine Veränderungen im Charakter sowie auch in der Schrift waren alle seine Lehrer überrascht. Sein Vater hat in ihm dann den eigenen Guru erkannt, den ihm die Göttliche Vorsehung geschickt hatte. Bei meinem Vater haben sich bald die hellseherischen Fähigkeiten geäußert. Er wurde bekannt in der näheren und weiteren Umgebung und hatte eine große Menge von Freunden und Bekannten. Für die Öffentlichkeit hielt er unter dem Künstlernamen "Frabato" Vorträge über übernatürliche Kräfte. Frabato ist eine Zusammenfassung und Abkürzung von Franz **(FRA)** Bardon **(BA)** Troppau (deutsch)-Opava (tschechisch) **(TO)**. Ergänzen möchte ich noch die Erinnerungen von seinem Schüler M. K. bezüglich der Bekanntschaft meines Vaters mit meiner Mutter. Meine Mutter hatte von seinen Fähigkeiten gehört, und da sich zu jener Zeit zwei Männer um sie beworben haben, ist sie zu Frabato gegangen, um zu fragen, welcher von ihnen ihr Mann werden wird. Dann ist es so abgelaufen, wie von M. K. geschildert.

Mein Vater wollte keine Kinder haben, damit er dadurch bei seinen Aufgaben nicht behindert wird. Die Mutter wollte aber nicht ohne Kinder bleiben, deswegen hat er sich einverstanden erklärt, unter der Bedingung, daß sie sich alleine um die Kinder kümmert, womit die Mutter einverstanden war. Mein Geburtstag wurde von einem bekannten deutschen Astrologen errechnet, demnach sollte ich am 4.2.1937 zur Welt kommen. Aber ich kam als Unterentwikkelter vorzeitig um einen Monat früher zur Welt, also am 4.1.1937. Die Frau eines Bekannten meines Vaters wurde zur selben Zeit schwanger wie meine Mutter, und ihr Sohn, am 4.2.1937 geboren, hatte eine besondere Begabung für Sprachen. Als mein Vater nach meiner Geburt auf die Geburtsstation des Krankenhauses von Troppau kam, wollte ihn die Hebamme necken und sagte ihm, daß es eine Tochter ist. Der Vater war aber gewiß, daß er einen Sohn hat. Der Arzt von der Geburtsstation hat sich so geäußert, daß ich nicht lebensfähig wäre. Außerdem hatte ich einen Fuß, der im Fußgelenk ganz verdreht war. In dieser Beziehung hat sich die Frühgeburt jedoch als Vorteil erwiesen, denn die Muskeln, Bänder und Knöchel waren noch sehr biegsam. Mein Vater hat mit meinem Fuß intensiv geübt und Massagen mit abgekochten Heilpflanzen gemacht. Nach einem Monat war mein Fuß schon in seiner richtigen Lage, so daß es sich gar nicht mehr bemerkbar machte, welcher von den Füßen der kranke war.

Meine Kindheit und Jugend habe ich bei meiner Mutter und Oma in Gillschwitz verbracht, tschechisch Kylesovice, einer Vorstadt von Troppau/Opava. An die Zeit des Krieges erinnere ich mich nur noch wenig, besser schon an das Ende des Krieges, nachdem der Vater aus dem Konzentrationslager nach Hause zurückgekehrt war. Den Frontwechsel haben wir mit meinem Vater im Keller in Gillschwitz verbracht, ungefähr zwei Wochen in der Gemeinschaft mit Rüben und Kartoffeln. Danach habe ich so wie damals jeder Bub eine größere Menge an Munition und Schießpulver gesammelt. Ich erinnere mich, daß mir in den Händen der Zünder einer Artilleriegranate explodierte, als ich versuchte, sie mit einem Stein zu zerlegen. Die dabei erlittenen Verletzungen hat mein Vater betreut, mit der Pinzette hat er mir die Splitter aus verschiedenen Körperteilen entfernt. Nach dem Abheilen habe ich nach vier Monaten wieder Verbrennungen zweiten Grades im Gesicht, am Hals und an den Extremitäten erlitten nach der Explosion von Schießpulver, mit dessen Hilfe ich mit Kameraden ein Feuer in einem Graben machen wollte. Bei diesen Verbrennungen hat mir mein Vater auch durch Verbände geholfen, obwohl er es am Anfang nicht wollte, weil ich durch die ersten Wunden nichts gelernt hatte.

Nach dem Kriege war mein Vater kurze Zeit in Troppau, wo damals ein großer Mangel an Ärzten war, als Verwalter des Krankenhauses "Bei Rittern", wo er auch bei der Behandlung der Kranken geholfen hat. Ich erinnere mich, daß er in einem Haus gleich neben dem Krankenhaus wohnte. Nachdem mein Vater die Tätigkeit als Verwalter beendet hatte, hat er in Troppau in der Obloukova (Bogengasse) 22 ein Haus gekauft, wo er bis zum Ende seines Lebens wohnte.

Der Vater hat meiner Mutter angeboten, mit ihm nach Troppau umzuziehen, weil dort seine Praxis war, aber sie hat es abgelehnt, da sie ihre Landwirtschaft und ihre Mutter in Gillschwitz nicht allein lassen wollte. Deswegen war mein Vater gezwungen, in Troppau eine Wirtschafterin zu suchen, welche sich um seinen Haushalt gekümmert hat. Der Vater hatte überhaupt keine Beziehung zu Feldarbeiten, wozu ihn meine Mutter in der Zeit seines Aufenthaltes in Gillschwitz sehr genötigt hat, was er aber ablehnte, da er eine andere Aufgabe hier auf der Welt hatte.

Ab und zu habe ich ihn besucht, wenn mich meine Mutter von Gillschwitz zu ihm geschickt hat oder was von ihm brauchte. Gewöhnlich fuhr ich mit dem Fahrrad. Der Vater besuchte seine Familie in Gillschwitz regelmäßig zweimal in der Woche, und zwar Mittwoch abends und am Sonntag, da kam er schon zum Mittagessen. In der Zeit hat er seiner Wirtschafterin freigegeben, damit sie ihre Eltern in Penkovic besuchen konnte. Abends gingen wir alle zusammen ins Kino oder ins Theater. Im Sommer haben wir nach den Sonntags-Mittagessen oftmals Ausflüge in die Umgebung gemacht, manchmal auch weitere Reisen, wie z.B. nach Gräfenberg, Jesenik (im Gesenkgebirge) und andere Orte. Der Vater besuchte auch oft seine Bekannten in Böhmen, in Mähren und der Slowakei, von denen er auch manche heilte. Unter ihnen befanden sich auch bedeutende Persönlichkeiten aus dem künstlerischen und politischen Leben, Musikkomponisten, die Gattin eines Ministers u.a.

Nach dem Kriege hat Frabato mehrere Vorträge in verschiedenen Orten der Republik gehalten, wobei er außer gewöhnlichen Tricks auch solche vorgeführt hat, mit welchen er die Aufmerksamkeit der Zuhörer auf die Existenz von höheren Kräften hingelenkt hat. Ich erinnere mich, daß ich ihn einmal als kleiner Bub zu einem solchen Vortrag begleitete, wo ich das Eintrittsgeld kassiert habe, da die Person erkrankt war, welche diese Arbeit sonst machte. Von diesem Vortrag ist mir immer noch mancher Auftritt in Erinnerung, wo mein Vater zum Beispiel hypnotische Experimente durchführte, das Lesen von Briefen in verschlossenen Umschlägen und die Suche nach versteckten Gegenständen mit verbundenen Augen und manches andere Experiment vorführte.

Im Winter war mein Vater viel mit dem Zug unterwegs, wenn es wärmer war, mit eigenen Motorfahrzeugen. Zuerst hatte er ein kleines Motorrad, eine 100 ccm Jawa, später eines mit 250 ccm, das ich nach meinem Abitur geerbt habe, während er selbst sich dann eine stärkere Jawa 350 gekauft hat. Nach dem Krieg hat er auch für kurze Zeit zwei Autos gehabt, an die Fabrikate kann ich mich nicht mehr erinnern. Später hat er sich ein älteres Auto gekauft, welches er längere Zeit hatte. Dieses Auto hat ihm sehr viele Jahre gedient. Es fuhr zwar langsam, aber es hat seinen Zweck erfüllt. Mein Vater hat meine Schwester und mich oftmals mit dem Auto zum Pflücken von Heilkräutern mitgenommen. Dabei sammelten wir z.B. Johanniskraut (Hypericum perforatum) oder Schachtelhalmkraut (Equisetum palustre), oder auch Wegerich, Kamille, Brennesseln, Birkenblätter, Löwenzahnwurzeln, Stachelkraut, Weißdornblätter und manche andere. Auf den Feldern hinter der Scheune in Gillschwitz hat meine Großmutter auch einige Heilkräuter gezüchtet, wie z.B. die Raute, Melisse, Absinth (Wermutkraut) und andere, welche mein Vater auch zur Erzeugung von Heilmitteln benutzte. Außer jenen Heilkräutern, welche allgemein als heilend bekannt sind, haben wir für den Vater auch andere gesammelt, welche als Unkraut bezeichnet werden, wie z.B. Polygonum (Knöterich - Natterwurzel). Mein Vater behauptete, daß auch im Unkraut verschiedene Heilmittel sind, selbst im Haferstroh, und daß in jeder Pflanze etwas vorhanden ist, was den Menschen von Nutzen sein kann.

Regelmäßig einmal im Monat ist er für eine Woche nach Prag gefahren, im Winter mit dem Zug, später mit dem Auto. Er hatte sich einen älteren Tatra 74b gekauft. Diesen hat er später, nachdem man ihm von Deutschland einen Volkswagen (Käfer) besorgt hatte, seinem besten Schüler geschenkt. In Prag hat er auch Patienten geheilt und Vorträge für seine Schüler gehalten. In seinen letzten Jahren schrieb er seine Bücher, gemeinsam mit Frau Votavova, die ihm als Sekretärin diente. Ab und zu habe ich ihn auch nach

Prag begleitet, in der Zeit der Schulferien. In Prag ist er in der Nacht oftmals ausgegangen, immer allein und angeblich nach Vysehrad, wo sich die Burg und der Friedhof der berühmtesten böhmischen Persönlichkeiten befindet. Dort führte er seine magischen Operationen durch, aber niemand wußte wohin er genau ging, und er hat es auch niemals verraten.

In der Wohnung in Opava habe ich ihn öfters mal besucht, als ich dort auf das Gymnasium ging. Damals hat mir der Vater die tschechischen Übersetzungen von Yogatexten zum Lesen gegeben, aber ich spürte, daß es nicht das richtige ist, daß es für einen Europäer nicht gut verständlich geschrieben war. Erst später, als ich auf der Universität beim Studium der Medizin war, habe ich nach und nach die ersten Übersetzungen in tschechisch von dem ersten Buch meines Vaters bekommen, welches heißt "Der Weg zum wahren Adepten". Ursprünglich sollte das Buch den Titel "Pforte zur wahren Einweihung" bekommen, aber dann mußte der Verleger den Titel ändern, weil schon ein anderes Buch zu einem Theaterstück diesen Titel trug (Rudolf Steiner:"Die Pforte der Einweihung", d.Hrsg.).

In der näheren und weiteren Umgebung war über meinen Vater bekannt, daß er sich mit übernatürlichen Kräften beschäftigte. Er hat z.B. geholfen die Ertrunkenen zu suchen, wobei er mit Hilfe eines Fotos die Fundstelle des toten Körpers bezeichnet hat. Auch bei Vermißten aus dem Krieg hat er geholfen, die Zukunft vorausgesagt und anderes mehr. Seine besonderen Fähigkeiten wurden auch unter meinen Mitschülern und Professoren auf dem Gymnasium in Troppau bekannt. Ich erinnere mich an einen Fall aus dieser Zeit. In der Klasse einer Mitschülerin wurde Geld vermißt und niemand konnte es finden. Es wurde angenommen, daß es jemand gestohlen hat. Die Mitschüler haben mich zu meinem Vater geschickt, um ihn zu fragen, wo das Geld geblieben ist. Als ich zu ihm kam, hat er schon darüber Bescheid gewußt und mich mit der Bemerkung zurückgeschickt, daß schon alles in Ordnung ist. Weiter hat er mir nichts gesagt. Als ich in die Klasse zurückkam, war das Geld schon gefunden worden, und bis heute weiß ich nicht, auf welche Weise es geschah.

Die Erinnerungen seines Schülers möchte ich noch ergänzen bezüglich der Räume in dem Troppauer Haus. In Vaters Arbeitszimmer hing an der Wand rechts ein Bildnis von einem geheimnisvollen Mann mit durchdringendem Blick. Als ich fragte wer es ist, hat mir der Vater geantwortet, daß es ein Weiser von dem Berge ist, genannt Mahum-Tah-Ta. Weiter hat er mir nichts Näheres über ihn gesagt. Später hingen auf der Wand auch zwei große Tafeln von der Oberfläche des menschlichen Körpers, von hinten und von vorne, mit den Punkten der Akupunktur. Einmal habe ich auf seinem Tisch ein Metallplättchen mit Siegellack und Nadeln für die Erzeugung von Talismanen gesehen. Im Warteraum, welcher von seinem Schüler beschrieben wurde, war auf dem Tisch einer der ersten Fernsehapparate des tschechischen Marktes, eine große Kiste mit kleinem Bildschirm.

Als ich mein Medizinstudium in Brünn begann, habe ich den Vater meistens am Sonnabend besucht. Nach dem Abendessen habe ich einige Zeit Fernsehen geschaut, was damals noch eine sehr seltene Sache war. Von meinem Vater habe ich aber nie gesehen, daß er irgendwann auf das TV-Programm geschaut hätte. Nach dem Programm ging ich schlafen, aber mein Vater hat immer noch gearbeitet. Frühmorgens am Sonntag war er schon wieder auf den Beinen. Wann er schlafen ging, wie lange er schlief, weiß ich nicht genau, aber es war sicher sehr wenig.

Am Sonntag früh bin ich dann nach Gillschwitz zu meiner Mutter gefahren und der Vater kam dann mittags zum Mittagessen. Die Küche wurde bereits von Dr. M. K. gut beschrieben. Hier wurden die Destillationen, Re-destillationen, Filtrationen, Dekantationen u.a. Präparationen für die Arzneimittelerzeugung gemacht. Es war geradezu ein Paradies von Düften und Farben. Ich bewunderte immer, wie das Destillat bei wiederholten Destillationen die Farbe änderte, von durchsichtigem rubinrot bis zum blau oder zu goldgelber Farbe. Im Hause hatte der Vater noch eine kleine Wohnung zur Verfügung mit einem Wohnzimmer, wo die Gäste schlafen konnten, welche hauptsächlich aus Deutschland, der Schweiz und Österreich zu ihm kamen. In dieser Wohnung hingen an den Wänden die Bilder von Elementewesen, auf dem Tisch stand ein hellvioletter Aschenbecher und von derselben Farbe eine Vase. Der Vater hatte die hellviolette Farbe sehr gern.

Wie Dr. M. K. erwähnte, rauchte er Zigaretten der Marke "Femina", manchmal 40 - 60 pro Tag. Diese Zigaretten waren aus Tabakwurzeln hergestellt und dufteten schön nach Kumarin (Steinkleekraut), aber die Glut ging sehr leicht aus. Aber ich merkte es mir gut, daß er manchmal an Silvester bis Mitternacht geraucht hat, dann auf einmal aufhörte und das ganze Jahr nicht mehr rauchte. Er behauptete, daß er das zur Stärkung seines Willens mache. Im nächsten Jahr hat er dann wieder geraucht.

Schwarzen Kaffee hat er auch gerne getrunken. Ich erinnere mich, daß er einmal am Abend in den Kaffee geschaut und dann erzählt hat, was sein Bekannter gerade macht. Dabei hat er den Kaffee wie einen magischen Spiegel verwendet. Was die Speisen betrifft, so hat er ganz normale Nahrungsmittel gegessen. Nur einmal, wie mir meine Mutter erzählt hat, in der Zeit, als ich noch nicht geboren war, hat er vor einer bestimmten magischen Operation über 40 Tage ganz streng vegetarische Nahrung eingehalten.

In seiner Jugend hat er mit einem Plattenapparat fotografiert, welcher mit Filtern versehen war. Damit hat er auch Elementewesen fotografiert. Auf einem Foto war eine Sylphe auf einer Waldkreuzung, und auf einem anderen Bild war eine Undine an einem Bach. Auf dem zuletztgenannten Foto konnte man um die Undine herum ein helleres Oval von verdichtetem Element erkennen. Außerdem hat mir Vater ein Foto von einem Wassermann gezeigt, der allerdings sehr klein war, weil das Foto aus einer größeren Entfernung gemacht worden war.

Vaters Haus in Troppau hatte auch einen Dachboden, der war mit verschiedenen getrockneten Heilkräutern gefüllt. Neben Wacholderbeeren war dort außerdem noch verschiedener Kram gelagert, der sich oft auf solchen Böden befindet. Für mich war allerdings der Keller viel interessanter, wo Regale mit vielen großen Flaschen standen, in welchen sich Tinkturen, Essenzen, spagyrische Essenzen und Quintessenzen in allen möglichen Farben befanden. Außerdem waren hier Flaschen mit geschliffenen Pfropfen, in denen sich chemische Salze befanden. In Blechbüchsen sah ich reine Metalle, wie z. B. Antimon, für Legierungen und magnetische Arbeiten. In anderen Flaschen waren Quecksilber und Nichtmetalle wie z.B. Schwefel, Phosphor u.a. Hier mischte mein Vater die bestimmten Lösungen zur Heilung der Patienten. Da ich seit meinem vierzehnten Lebensjahre Bienen züchtete, habe ich dem Vater zur Erzeugung der Arzneimittel den Honig geliefert.

Am Heiligen Abend war der Vater immer bei uns im Kreis der Familie in Gillschwitz. Er kam vor dem Abendessen, brachte für alle die Geschenke, welche die Mutter heimlich durch das Fenster übernahm, so daß wir Kinder sie nicht zu sehen kriegten. Vor der Bescherung hatten sie dann die Geschenke unter den Weihnachtsbaum gelegt. Mit dem Aufgang des ersten Sternes wurde das Essen serviert. So lange der Himmel klar oder frei war, was an sich selten war, haben wir Kinder immer sehr fleißig beobachtet. Vor dem Essen erhob sich mein Vater immer, und wir alle folgten und beteten zusammen ein Vaterunser. Nachher hat mein Vater Gott gedankt für die erhaltenen Gaben und hat allen viel Gesundheit und Glück für das nächste Jahr gewünscht. Erst dann haben wir mit dem Essen begonnen. Als zweiten Teil des Menues gab es traditionsgemäß gebratenen Karpfen mit Kartoffelsalat und danach böhmische Knödel mit Wilja-Soße. Das war eine süße Soße aus Powideln, d. h. Zwetschgenmarmelade, Rosinen, Mandeln, Nüssen und getrocknetem Obst. Danach haben wir die Nüsse geknackt und die Äpfel quer geschnitten, um zu sehen, ob innen der Stern ganz regelmäßig war, was darauf hindeuten sollte, daß im nächsten Jahr alle gesund bleiben, und daß wir uns alle wieder unter dem Weihnachtsbaum zusammenfinden werden. Nachher ging mein Vater nebenan in das Zimmer, um das Christkind zu rufen. Er hat dann mit einem Glöckchen geläutet und gerufen, daß das Christkind kommen möge, denn die Kinder seien das ganze Jahr über brav gewesen, und es möge viele Geschenke für sie mitbringen.

Noch vor dem heiligen Abendessen haben wir uns regelmäßig fotografiert, anfangs mit Vaters Plattenkamera, später mit einer Kamera "Eta-Retar" mit Kinofilm, wodurch sich die Aufnahmequalität verbesserte. Aus dieser Zeit sind auch meine ersten Fotos von meinem Vater, ich war damals ungefähr 12 Jahre alt. Ich hatte noch keinen Belichtungsmesser, so daß manche Fotos über- oder unterbelichtet wurden. Zur Weihnachtszeit hatten wir uns ein Blitzlichtgerät besorgt. Ungefähr 1956 hat der Vater von einem Mann aus der Schweiz als Geschenk eine Leica F3 bekommen, mit welcher ich bis zum Lebensende meines Vaters fotografierte. Dieser Fotoapparat war in der Zeit der Verhaftung meines Vaters in Gillschwitz, so daß er nicht beschlagnahmt wurde. Er funktioniert bisher ganz gut, und ich habe ihn als Erinnerung an meinen Vater behalten. Als eine andere Erinnerung habe ich des Vaters alte Schreibmaschine "Mercedes". Er hat mir auch ein Buch in deutsch mit einer eigenhändigen Widmung geschenkt. Ich erinnere mich an einen Spaziergang im Wald, bei dem ich meinen Vater begleitete, es war bei Hradetz. Wir gingen eine Waldwiese entlang, als mein Vater auf einmal stehenblieb und zu einer Quelle hinschaute. Auf meine Frage, was er gesehen hat, hat er gesagt, daß dort ein Waldwesen war, aber weiter hat er sich nicht darüber geäußert. Selbstverständlich habe ich gar nichts gesehen. Einmal, als wir in einem Steinbruch herumgingen, hat mir mein Vater gesagt, daß dort die Gnomen zu sehen sind. Ein anderes Mal hat er auch erzählt, daß eine Undine sich dadurch bemerkbar gemacht hat, daß sie einen Blitz in eine Straßenbahn leitete, in der er saß, weil er vergessen hatte, sich für Dienste zu bedanken, die sie ihm geleistet hatte.

Besonders gut erinnere ich mich noch an ein Gespräch mit meinem Vater nach Weihnachten 1957, als er zu mir sagte, daß ich ihn immer nur in guter Erinnerung behalten möge und nie daran glauben soll, wenn jemand über ihn irgendwelche schlechten Nachrichten verbreiten würde. Er wußte ganz genau, daß sich seine Verhaftung nähert und dadurch auch sein Ende. Ich habe am Anfang nur gedacht, daß es damit noch Zeit hat, und daß er sicher noch lange Zeit leben wird. In kurzer Zeit hat sich aber seine Vorahnung verwirklicht. Als ich eines Tages von der Universität in Brünn nach Hause fuhr, es war Anfang April 1958, wollte ich wie immer dem Vater einen Besuch abstatten. Ich habe unten bei der Tür geklingelt, aber nur die Wirtin meines Vaters hat ein Fenster geöffnet und mir gesagt, daß mein Vater verhaftet worden ist, daß er in Untersuchungshaft gebracht wurde und die ganze Wohnung versiegelt ist. Dann traf ich vor dem Haus noch eine von seinen Bekannten aus der Bundesrepublik Deutschland, welche ihn auch besuchen wollte. Sie hieß Gerlinda R..... Ich hab sie dann noch zum Bahnhof gebracht.

In der Zeit der Haft meines Vaters habe ich mir von den Angehörigen der Geheimpolizei verschiedene Verleumdungen anhören müssen. Die haben ihn als schlechten Menschen bezeichnet, und da habe ich mich an seine Worte erinnert, daß ich ihnen nicht glauben soll. Zum letzten Mal habe ich meinen Vater im Juni 1958 gesehen. Zu der Zeit habe ich ihn mit meiner Mutter in Ostrava besucht, wo er verhört wurde. Meine Schwester hat in jener Zeit mit meiner Mutter als Pflegerin der Kälber in der Land-Produktionsgenossenschaft gearbeitet. Von diesen Kälbern hat sie die Schimmel-Krankheit bekommen, Trichophytum, welche von Tieren auf Menschen ansteckend ist. Dieser Schimmel hatte sich in großen Flecken über die ganze Haut meiner

Schwester verbreitet, auf den ganzen Körper, so daß sie überhaupt nicht mehr unter die Menschen gehen konnte, und keine Arzneimittel haben ihr geholfen. Deswegen haben wir den Vater gefragt, was man damit machen kann. Der hat empfohlen, Umschläge vom Abguß von getrockneten Brennesseln zu machen, und nach und nach hat sich der Hautausschlag gebessert, und nach einem Monat war sie vollkommen geheilt. Somit war meine Schwester die letzte Patientin meines Vaters, obwohl die Behandlung sich indirekt vollzog.

Bei diesem letzten Besuch, als wir den Vater zum letzten Mal gesehen haben, hat er zu meiner Mutter den Wunsch geäußert, sie möge ihm ein Stück geräucherten Speck ins Gefängnis schicken, er habe Appetit darauf. Meine Mutter hat ihm diesen letzten Wunsch erfüllt und den Speck ins Gefängnis geschickt. Der Vater hat dann ganz schwere und akute Schmerzen im Bauch gekriegt, aber die Aufseher haben nur gedacht, daß er simuliert. Erst nach drei Tagen mit unheimlichen Schmerzen haben sie ihn von Ostrava nach Brünn ins Häftlingskrankenhaus überführt, wo er am 10. Juli 1958 an Entzündung der Bauchspeicheldrüse starb.

Nach seinem Tod durfte ihn niemand von seinen Angehörigen sehen. Nach Ostrava, wo seine Begräbnisfeier war, wurde sein Leichnam in einem verzinkten Sarg geschickt. Es konnten nur die allernächsten Verwandten und Bekannten kommen, welche wir durch Briefe oder Telefon benachrichtigt hatten. Wir durften keine Todesanzeige drucken lassen, weil die Polizei Angst gehabt hat, daß zu viele Bekannte zur Totenfeier kommen würden und es dadurch vielleicht zu irgendwelchen unvorhergesehenen Ereignissen kommen könnte. Nach der Totenfeier wurde uns sein Nachlaß übergeben, aber nur sein Anzug und von den persönlichen Sachen nur seine Uhr und der Trauring. Alle anderen Sachen, auch die mit Steinen verzierten goldenen Ringe, sowie die goldenen Talismane, welche er um den Hals getragen hatte, wurden für den Staat beschlagnahmt, obwohl mein Vater nie verurteilt wurde. Er sollte vor Gericht gestellt werden aufgrund der Anklage, daß er für den Alkohol, den er zur Konservierung seiner Arzneimittel verwendet hatte, keine Steuer gezahlt habe. Außerdem war er angeklagt wegen Vaterlandsverrat, weil er in einem Brief nach Australien etwas Negatives über unseren Staat geschrieben haben soll, und daß dadurch unser sozialistisches Land beschmutzt worden sei. Bei der Übergabe seiner persönlichen Sachen auf der Polizei in Ostrava hat sein Untersuchungspolizist gefragt, ob wir wüßten, daß er zweimal seziert worden ist und wer den Befehl zur zweiten Sektion gegeben hat. Selbstverständlich haben wir nichts davon gewußt. Es sind sogar Gerüchte entstanden, daß er lebend nach Rußland verschleppt worden sei, um dort zu zeigen, wie er seine Arzneimittel herstellte.

Zu seinem Nachlaß gehörte auch eine kleine Dose mit einer Reliquie, die er einmal aus dem Besitz einer schwarzen Loge verschwinden ließ, als er deren Verbrechen nicht mehr mitansehen konnte.

Nach Vaters Verhaftung mußten mich Mutter und Schwester unterhalten, denn mein Studium dauerte noch dreieinhalb Jahre. Sie mußten hart und unter unmenschlichen Bedingungen in der Landesgenossenschaft in Gillschwitz als Pflegerinnen für Kälber arbeiten. Die Löhne waren unheimlich niedrig, an einem Tage haben sie weniger als 10 Kronen (ca. 0,50 DM) verdient. Ein Stipendium wurde mir nicht bewilligt, weil die Schulführung der Ansicht war, daß einer auch nicht zu studieren braucht, wenn er dafür keine Mittel hat. Ich war trotz alledem sehr glücklich, daß ich zuletzt das Studium beenden konnte, obwohl ich in der ganzen Zeit in großer Angst gelebt habe, daß sie mich aus politischen Gründen hinauswerfen würden. Deswegen dankte ich der Göttlichen Vorsehung, daß ich trotz der schweren Zeit mein Studium beenden konnte.

Nach des Vaters Tod hat mir meine Schwester erzählt, daß der Vater einmal im Schlaf zu ihr kam und gesagt hat, daß sie heiraten und fünf Kinder haben wird, was sich auch verwirklichte. Worüber sie sonst noch gesprochen haben, darüber hat sie mir nichts erzählt. Am 23.6.1990 habe ich bei der Absolventenzusammenkunft des Gymnasiums von Troppau nach 35 Jahren eine Mitschülerin getroffen, die mir erzählt hat, daß sie im Dezember 1957 eine Bekannte zu meinem Vater begleitet hat, der ihr die Zukunft voraussagen sollte. Obwohl sie selbst ihn nicht deshalb besuchen wollte, hat er sie trotzdem in sein Arbeitszimmer gerufen und ihr die ganze Zukunft bis zum fünfzigsten Jahr ihres Lebens vorausgesagt. Zu einem kritischen Jahr hat er ihr aber keine Einzelheiten genannt. Alles andere, was er ihr vorausgesagt hat, hat sich bis zum letzten Tüpfelchen als wahr erwiesen, und meine Mitschülerin erinnert sich an meinen Vater noch heute mit großer Ehrfurcht und Bewunderung.

In der Zeit, als mein Vater noch unter uns lebte, kam er mir nicht irgendwie anders vor als die anderen Menschen, das hat auch seine Umgebung so empfunden. Durch sein Aussehen und Auftreten hat er sich nicht von einem biederen Bauern unterschieden. So vorzüglich konnte er sich an seine Rolle anpassen, welche er auf dieser Erde zu spielen hatte. Erst später, im Licht seines Werkes, habe ich erkannt, daß es sich um einen Giganten gehandelt hat, welcher sich auf dieser Erde verkörpert hatte, um den Menschen das Licht zu bringen, mit welchem sie die Dunkelheiten des Nichtwissens durchbrechen und zu Gott schreiten können. Als Beilage meiner Erinnerungen habe ich einige Fotos aus dem Leben meines Vaters beigefügt. Die eigenhändige Widmung im zweiten Buch für meine Mutter hat er so unterschrieben, wie er mir selbst gesagt hat, wie er in einem ehemaligen Leben als Mitglied der Rosenkreuzer unterschrieben hat.

* * *

Dr. M. K.

ERINNERUNGEN AN MEISTER FRABATO

"Im übervollen Vortragssaal des Vereinshauses herrschte erregtes Stimmengewirr", so fängt der Roman "Frabato" an, und so war es auch in Wirklichkeit, was ich bezeugen kann. Es war in Ostrava (Märisch-Ostrau) im Oktober 1947, wo im Volkstheater ein Vortrag von Meister Frabato stattfand, und wo ich ihn zum erstenmal sah. Nach der Vorstellung begab ich mich ins Hotel Imperial, wo er wohnte, um ihn zu bitten, mich unter seine Schüler einreihen zu dürfen. Da ich erst 16 Jahre alt war, sagte er mir, er nähme zur Zeit keine Schüler mehr. Und außerdem sei ich zu jung, habe keine Sünden begangen, besäße keine Leidenschaften und daher kein Reservoir von Kräften die ich zur Entwicklung brauche. Traurig ging ich nach Hause. Ich konnte es mir nicht zusammenreimen, daß ich, um edle Ziele zu verwirklichen, zuerst in die Gosse sollte, um mich dann reinigen zu können.

Mein Leben war bisher belanglos. Ich lebte wie es sich für einen fest überzeugten Gläubigen gehörte. Täglich ging ich zur Kommunion und Beichte, vollbrachte nur gute Taten, wie es nach den Regeln der Pfadfinder richtig ist - und auf einmal war alles falsch. Dann habe ich fleißig darüber nachgedacht, und zuletzt hab ich ihm recht gegeben. Nichtsdestoweniger war ich fest überzeugt, daß es auch einen Weg geben mußte ein Schüler der Hermetik zu werden, ohne daß man vorher schlecht gehandelt oder irgendwelche Leidenschaften entwickelt hatte.

Von einer Bekannten, die mich auf Meister Frabato aufmerksam gemacht hatte, habe ich seine Adresse erfahren, und eines Sonnabends habe ich mich nach Troppau/Opava aufgemacht - voll ausgerüstet. Wortwörtlich, denn ich hatte einen vollen Pfadfindertornister, um nachher einen Ausflug ins Freie machen zu können. Seine Wirtin hat sich fast totgelacht, als sie mich in extra kurz geschnittenen Hosen in Pfadfindertracht sah, und ich mich ganz frech als Schüler des Meisters meldete. Nun wurde es ernst. Selbstverständlich hat der Meister alles gleich erkannt, aber er hat mich trotzdem empfangen. Vielleicht um mich zu prüfen und damit abzuwimmeln, gab er mir gleich eine erste Aufgabe. Ich solle Konzentrationsübungen machen, jede Elemente-Farbe mindestens 10 Minuten konzentrieren und eine halbe Stunde das Leergefühl behalten, ohne Unterbrechung durch irgendeinen Eindruck, ob von innen oder außen. Falls ich es schaffe, darf ich wiederkommen. Nach einem Monat war ich schon wieder da. Und dann ging es weiter, so wie es in dem ersten Buch "Der Weg zum wahren Adepten" geschrieben steht. Das Buch gab es aber damals noch nicht. Alles ging nur von Mund zu Ohr, unter strenger Schweigepflicht.

Da ich weit von Opava wohnte, habe ich mich immer vorher angemeldet, und der Meister gab mir dann einen Termin für ein Zusammentreffen, meistens am Wochenende. Wenn seine Wirtschafterin frei hatte, dann versorgten wir uns selbst. Der Meister kochte selbst, und zwar nicht schlecht. An ein Mittagessen erinnere ich mich noch, als es Ziegenfleischsuppe und Ziegenbraten gab, was ich vorher nie aß und worauf ich überhaupt keinen Appetit hatte. Der Meister machte dazu Mehlklöße und schon war das Mittagessen fertig. Ich habe es als eine Prüfung genommen, und zuletzt hat es mir herrlich geschmeckt.

Das Haus in Opava, Obloukova 22, wo er seine Praxis hatte, steht noch heute. Unten war eine grün gestrichene Türe mit Messingschild "Frantisek Bardon, Graphologe", was er nebenbei auch noch war. Beim Gericht galt er als gerichtlich vereidigter Schriftsachverständiger. Wenn man klingelte, öffnete sich im ersten Stock das Fenster, und der Meister rief nach unten: "Wer ist dort, was möchten Sie?" Und falls es sich um heikle Sachen handelte, rief er dem Kunden gleich zu, er möchte damit nichts zu tun haben, was er schon gleich hellseherisch erkannt hatte. Gleich hinter der Tür duftete es wie von tausend Düften. Auf der Veranda standen Fässer mit gärenden Heilkräutern. Aus ihnen machte der Meister die Tinkturen, Tropfen, Extrakte, Arkana und Quintessenzen und auf spagyrische Weise zubereitete Elixiere. Zur Gärung verwendete er echten Bienenhonig, den ihm sein Sohn spendete, der auch Bienen züchtete. Nach der Gärung wurde die Masse filtriert, destilliert und weiterhin auf alchemistische Art und Weise verarbeitet. Einzelheiten dazu würden den Rahmen dieser Darstellung überschreiten. "Die Sachen sind doch so einfach", pflegte der Meister oft zu sagen, und heute weiß ich, daß es wirklich so ist. Er hatte geplant, alles in dem fünften Tarotkartenbuch niederzuschreiben. Leider ist dies durch schicksalhafte Umstände, die mit der geistigen Entwicklung von Frau Otti Votavova zusammenhingen, nicht mehr zur Verwirklichung gekommen.

Wie bekannt ist, war er ein von vielen Menschen besuchter Heilpraktiker. Er studierte in München und hatte dort auch seine Prüfung abgelegt, was aber nichts zählte in der Gegend und der Zeit, in der er lebte.

Er hat auch den Namen des Professors genannt, der diese Schule führte, aber den Namen weiß ich nicht mehr. Im Anhang ist ein Foto von dieser Schule, wo er im weißen Kittel unter den anderen Mitarbeitern steht.

Ich selbst habe im Oktober eine junge Diplom-Krankenschwester gesehen, die an Sklerosis multiplex (MS) litt, eine Krankheit, die sonst als schwer heilbares, besser gesagt, als unheilbares Leiden gilt. Doch schon am Silvester des Jahres, nachdem sie seine Arzneimittel bekommen hatte, konnte sie mit ihrem Gatten tanzen bis in den Morgen des Neujahrstages. Der Meister heilte meistens die armen Teufel, welche die ordentlichen Ärzte (Schulmediziner) für unheilbar hielten. Aus allen möglichen Staaten Europas kamen die Patienten zu ihm und baten um Hilfe. So wurde er bekannt dafür, daß er jeden mit der besten Medizin behandelte.

Eine Etage höher kam man über eine hölzerne Treppe

in die Wohnung. In der Küche war ein Gasherd und nebenan ein Kohlenherd, wo sich die Destillationen abspielten. Dahinter war das Badezimmer. Am Sonntagabend konnte es geschehen, daß er sich nach einem Bad zu einem kurzen Schlaf niederlegte. Vor Mitternacht stand er dann auf, trank einen starken Kaffee, zündete sich eine lange Zigarette an - den Duft rieche ich noch heute -, und dann hat er sich vorbereitet, um auszugehen und Evokationen durchzuführen. Er kleidete sich gut an und nahm ein Fernglas, einen Krückstock, in den ein Dolch eingebaut war, setzte sich die Pelzmütze auf, und ging irgendwo in ein abgesperrtes Gebiet, wo er nicht entdeckt werden durfte, was ihm vielleicht die nötige Spannung brachte. Wo es war, sagte er nie, nur einmal hat er über irgendwelche Wachen gesprochen. Wann er zurückkam, weiß ich nicht, denn ich war schon längst eingeschlafen. Meistens schlief ich im Gästezimmer, wo tagsüber das Wartezimmer war. Dort stand auch seine Bibliothek, gut abgeschlossen, was mir oftmals leid tat, obwohl ich mich nicht beschweren konnte, denn ich hatte fast alle Bücher von ihm zu lesen bekommen. Trotzdem waren dort streng geheime Schriften, Arkana, die sehr gefährlich sein konnten. Zum Beispiel ein Rezept zur Erzeugung und Herstellung des "Steins der Weisen".

Außerdem stand in dem Zimmer ein großer magischer Spiegel, über ein Meter im Durchmesser, der drehbar in ein Holzgestell eingebaut war, meistens mit schwarzem Samt umhüllt. Manchmal, wenn ich aus dem Schlaf erwachte, sah ich ihn auch offen. Näheres über Zweck und Verwendung ist in des Meisters Werk "Die Praxis der magischen Evokation" beschrieben. Besonders im Vollmondlicht schimmerten die Goldpulverteilchen und manche Besonderheiten spielten sich ab.

Morgens war der Meister schon früh auf den Beinen. Nachdem ich aufgestanden war, haben wir gefrühstückt. Meistens gab es Butterbrot und Bohnenkaffee mit Milch. Dann half ich ihm bei den Hausarbeiten oder begleitete ihn in seinen täglichen Pflichten oder Einkäufen in die Warenhalle, die heute schon nicht mehr da ist. Einmal habe ich ihm die Fenster angestrichen, ein anderes Mal begleitete ich ihn zum Schneider oder auf anderen notwendigen Wegen. Manchmal sogar zu seinen Vorstellungen, in einem so kleinen Auto, daß wir zwei darin kaum Platz hatten, und dann kamen noch die Utensilien dazu, die er zur Vorstellung benötigte. Wenn es in kleineren Orten war, verkaufte ich die Eintrittskarten, und spätnachts, bei der Heimkehr unterwegs, unterhielten wir uns über manches. Alles das, was im Roman "Frabato" steht, hat er vorgeführt, manchmal auch noch mehr. In Yogikleidung lag er auf Glasscherben, und ein Mann stellte sich ihm auf die Brust, ohne daß er verletzt wurde, oder er hat seinen Puls am Arm durch den Willen abgestellt, und so führte er noch andere Phänomene vor, die dem ausgebildeten Magier geläufig sind.

Falls ich den Sonntag über blieb, fuhren wir, am Anfang mit dem Motorrad, später mit Bus oder Bahn, zu seiner Gattin Maria und den Kindern Marie und Lumir und seiner Schwiegermutter zum Mittagessen. Sie wohnten in einem Stadtteil Opava-Kylesovice, auf deutsch Troppau-Gillschwitz. Das Mittagessen war ein Kunststück von seiner Schwiegermutter Maria. Ich erinnere mich noch gern an ihre Spezialität: Sauerkraut auf schlesische Art mit Zwiebelkartoffeln und panierten gebratenen Schweineschnitzeln. Die Schwiegermutter mochte den Franz ganz gut leiden. Sie hatten ein Häuschen mit einer kleinen Landwirtschaft, welche 3 1/2 Hektar Felder und Vieh, Kühe, zwei Ziegen, zwei Schweine und Geflügel umfaßte und noch einen Garten hinter der Scheune, um alle ernähren zu können.

Sie erinnerte sich an ein Erlebnis in der Erntezeit. Einst wollten sie die letzte Fuhre Getreide unter das Dach bringen, als sich ein Gewitter meldete. Schwarze Wolken zogen sich zusammen, als würde in Kürze ein ausgiebiger Regen, wenn nicht Hagel, ausbrechen. Nun erzählte die Oma: "Da hat der Franz die Wolken in den Willen genommen, machte dabei ein finsteres Gesicht, murmelte etwas vor sich hin und machte einige Bewegungen mit den Händen und Fingern. Am Anfang geschah nichts, aber nach und nach blieben die Wolken stehen, rissen sich auseinander, der Wind wurde schwächer und schwächer, die Schwüle hörte auf und in Kürze schien wieder die Sonne. Nur das Donnern in weiter Ferne ließ darauf schließen, was uns bedroht hatte."

Nach dem Mittagessen am Sonntag habe ich mich bedankt und bin nach Hause gefahren, während der Meister bei seiner Familie blieb. Abends ging er meistens mit seiner Gattin ins Kino oder ins Theater und dann wieder zurück in sein Atelier, wo er keinen Augenblick unbeschäftigt war. Nach der Nacht-Evokation diktierte er in sein Diktaphon seine Erkenntnisse und Erlebnisse für seine Sekretärin und Schülerin Frau Votavova in Prag. Ihr Name sowie auch die Namen seiner Gattin und seines Sohnes Lumir sind in seinen Büchern in der Widmung erwähnt.

In Prag hatte er auch einen Kreis von Schülern. Eine Schülerin hat ihm die Zeichnungen der Tarotkarten für die Bücher angefertigt. Oft war er unterwegs um die Heilkräuter zu pflücken. Manchmal brauchte er spezielle Wurzeln, da hatten wir, sein Sohn Lumir, der auch sein Schüler war, und ich in weiteren Gegenden zu suchen. An eine Heilpflanze erinnere ich mich, Bryonia Alba heißt sie, die wir nach langem Suchen auf einer verlassenen Steinmauer gefunden haben, weit von Opava. Manche seltene Pflanze mußten wir in der Apotheke kaufen, wie z.B. Sonnentau. Aus der machte der Meister eine Quintessenz zur Heilung von Bluthochdruck. Bei dem Pflücken der Heilkräuter haben ihm sein Sohn, seine Tochter, und sogar auch seine Wirtschafterin mitgeholfen. Seine Heilmittel waren meistens homöopathisch, und er hatte ein Rezeptverzeichnis in einem schmalen Buch mit Diagnosen, den entsprechenden Arzneimitteln und notwendigen Verdünnungen. Dieses wurde auch von der Polizei beschlagnahmt. Als ich beim Verhör nach dem Schicksal dieses Buches fragte, wurde mir gesagt, es sei in der Papiermühle vernichtet worden wie seine anderen Bücher auch.

Seine Gattin hat er kennengelernt, ob durch Zufall oder Schicksal, als sie zu ihm kam mit zwei Fotos von Männern, von denen sie einen heiraten wollte. Sie kam also zum Meister, um zu fragen, welcher von beiden ihr Gatte werden würde. Er hat ihr nur ausweichend gesagt, daß ihr zukünftiger Mann ungefähr so groß wie er sein wird, so eine ähnliche Nase und ähnliche Augen haben würde, und im Grunde genommen ungefähr wie er selbst aussehen würde. Weiter hat er ihr nichts gesagt. Dann hat er sich bei der Familie in Gillschwitz um eine Wohnung beworben. Direkt unter dem Dach hatte das Haus ein kleines Zimmerchen, etwa 2 x 2 m, das frei wurde, und dort wohnte er am Anfang. Ein Bett, ein Tischchen, ein Hocker und ein Brett, wo er seine Bücher aufstellen konnte, mehr ging sowieso nicht hinein.

Bis heute sind dort noch einige Dinge von ihm übrig geblieben, beispielsweise Instrumente zum Elektrisieren und Magnetisieren, und andere Geräte, welche die Heilpraktiker damals gebrauchten und die früher sehr modern waren. Ich habe ihm dabei zugesehen bzw. er hat es mir gezeigt, wie man davon Gebrauch macht, um die Arzneimittel zu bestrahlen. Man kann sich kaum vorstellen, wieviel Wundertaten sich auf diesem kleinen Platz abgespielt haben. Seine Gattin erinnerte sich, als sie für den Meister irgendwelche Zaubersprüche abschrieb und sich diese halblaut diktierte. Auf einmal erschien ein schwarzer Hahn und pochte mit den Flügeln in dem winzigen Raum herum. Sie war zu Tode erschrocken, erinnerte sich aber schnell an eine Belehrung des Meisters und schrie in Ehrfurcht: "Adonai!" und sofort war der Spuk verschwunden. Oder als sie den Meister mal am Vorabend begleitete, kam ihnen ein Mönch auf der Straße entgegen. Der Meister fragte sie: "Hast du ihn gesehen?" Als sie "Ja" gesagt hatte, war er plötzlich verschwunden.

Frau Bardon begleitete ihren Mann öfter bei seinen Reisen, z.B. nach Dresden, wo er im Viertel Radebeul einen Kultusstein mit Runenschrift studierte. Ein anderes Mal war sie dabei, als der Meister die bekannte Schriftstellerin und ausgezeichnete Tibetkennerin Alexandra David-Néel persönlich in Wien besuchte.

Zur Zeit seiner Verhaftung hatte Franz Bardon einige Bücher in seinem Besitz, die aus Bibliotheken in Dresden und Berlin geliehen waren. Nach seinem Tode forderte Frau Bardon diese Bücher von der Polizei zurück und schickte sie an die Bibliotheken. Einige Manuskripte hat er unter dem Namen "Arion" zusammengestellt.

Noch einmal zurück zu seinem Haus, in dem er seine Praxis hatte. Sein Arbeitszimmer war neben der Küche. Die Fenster boten Einblick in den Garten der Nachbarn. Unter ihnen war ein kleiner Hof, mit Mauern umgeben, und an der Hauswand stand eine niedrige Bank, auf der man schön plaudern konnte, z.B. über die Geheimnisse des Akasha. In den Hof führten auch Fenster vom Keller aus, wo man die Grobarbeit mit den Heilkräutern erledigte, das Trocknen, Schneiden und Pressen, um sie zuletzt in fertigem Zustand in Flaschen aufzuheben. Der Keller hatte ein Vorzimmer, wo ein Gasbrenner eingebaut war, da hat mir der Meister mal eigenhändig gezeigt, wie man mit Gold einen fluidischen Kondensator herstellt, was damals noch ein Geheimnis der Eingeweihten war, da die Zeit der Herausgabe des Buches "Der Weg zum wahren Adepten" noch nicht reif war.

Im Arbeitszimmer stand ein gepolsterter Lehnstuhl am Fenster. Vor dem Fenster stand ein Rundtisch, mit einer Glasplatte bedeckt, unter der sich eine Planchette mit Tierkreiszeichen und Alphabet befand. In der Mitte auf dem Tisch stand eine Kristallkugel, die zum Hellsehen verwendet wurde. Oberhalb des Lehnstuhls war ein Bild an der Wand, das meistens die Maha Lakshmi zeigte, manchmal aber auch die Maha Devi oder auch andere Wesen. An der übrigen Wand waren Abstellbretter angebracht, gefüllt mit verschiedenen Gegenständen und Büchern. In der Ecke am Stuhl war eine Schachtel mit Notizpapier, darauf hat der Meister seine Notizen gemacht und Horoskope zusammengestellt. Auf der anderen Seite des Tisches, dem Lehnstuhl gegenüber, war eine gepolsterte Bank für die Kunden und Patienten. Dort saß ich, als mir der Meister die Arbeit mit der Planchette und den Pentakeln erklärte, als er mich astrales Schreiben, den Kontakt mit Verstorbenen und dem persönlichen Schutzengel lehrte.

In jener Zeit begann ich Medizin zu studieren. Ich habe noch eine weitere Erinnerung an das Arbeitszimmer, und zwar, als mich der Meister die Bearbeitung der Arzneimittel mit Akasha lehrte. Daß die Instrumente dazu nicht das Wichtigste waren, brauche ich wohl nicht zu betonen. Neben dem Arbeitszimmer war das Schlafzimmer, wo ich aber nur ab und zu einmal hineinguckte als der Meister dort schlief. Als kleines hermetisches Embryo konnte ich damals nicht begreifen, warum der Meister sich selbst nicht heilen konnte, obwohl er es mir mehrmals sagte. Da er durch die Inkorporation das Schicksal oder Karma des richtigen Franz Bardon übernommen hatte, durfte er in dieses Schicksal nicht mit magischen Kräften eingreifen.

Er war übergewichtig und litt an Gallensteinen, außerdem an einer fortschreitenden Zerstörung der Bauchspeicheldrüse, an deren Zerfall, unter den schlimmsten Schmerzen die es beim Menschen gibt, er starb. Außerdem hatte er eine Verminderung der Schilddrüsentätigkeit, was sich normalerweise durch Ermüdung, Schlappheit, Schläfrigkeit, Willenverminderung und Unkonzentriertheit bemerkbar macht. Was für eine Willensstärke mußte er besitzen, um alles das zu schaffen, was er schuf! Kein normaler Sterblicher kann sich davon ein Bild machen, geschweige denn dasselbe leisten.

Für seine Leiden nahm er die üblichen Arzneimittel aus der Apotheke, denn seine eigenen durfte er nicht benutzen. Einmal erwähnte er bei einem Gespräch, wie er gegen die Gesetze verstoßen habe und mehr aus Neugierde ein einziges Mal die Quintessenz gegen hohen Blutdruck einnahm, und seit dieser Zeit litt er an niedrigem Blutdruck, was ihn schläfriger machte, als er vorher war. Den starken Kaffee und die Zigaretten benutzte er als Gegenmittel gegen die Müdigkeit. Ansonsten hat er sich nichts anmerken lassen. Er war voller Energie und immer guter Laune, mit Ausnahme seiner letzten Tage, wo er unter der Undankbarkeit der Menschen litt, für die er sich seit Jahren aufopferte. Das hat er mir persönlich gesagt. Niemals habe ich ihn zornig gesehen, niemals hat er geschimpft oder sogar geflucht, außer, wenn er schauspielerte und jemand nachmachte. Als ich mich darüber wunderte, erklärte er mir, daß ihm früher einmal ein Fluch ausrutschte. Ein Bauer, der ihn nicht mochte, hatte sich ein Vergnügen daraus gemacht, mit rasenden Pferden an ihm vorbeizufahren und ihn naßzuspritzen. Nachdem der Meister seinen Fluch ausgesprochen hatte, erlahmten die Pferde im Nu. Dann mußte er dem Bauern den Schaden durch gute Ernten ersetzen. Deswegen warnte er mich immer wieder, mir meiner eigenen Kraft bewußt zu sein und gut zu unterscheiden, ob ich als gewöhnlicher Mensch spreche und handle oder als Hermetiker. Je nachdem muß ich dann die Verantwortung tragen.

Grundsätzlich mochte er mich ganz gut leiden, da ich ein Spaßvogel war und ihn oftmals zum Lachen gebracht habe. Er sagte, ich erinnere ihn an einen Freund, der auch so witzig war, zuletzt aber schlecht endete. Als ihn im Gefängnis Gestapomänner prügelten, ließ er einen durch ein Quabbalahwort erstarren, und ein anderer hat ihn danach erschossen. Diese Geschichte ist auch im Nachwort des "Frabato" erwähnt. Ob es sich wirklich um Herrn Quintscher handelte, weiß ich nicht, denn den Namen hat der Meister nicht erwähnt. Aus seiner Nazigefängniszeit hat er erzählt, daß er verprügelt wurde, besonders in der Kreuzbeingegend, und daß er seit dieser Zeit dort kein Gefühl mehr hat. Außerdem hat er erzählt, daß er die Mitarbeit bei der schwarzen Loge "99" ablehnte, worauf er einem Todeskommando zugeteilt wurde, um die Köpfe von jenen in einem Korb zu sammeln und fortzuschaffen, die man mit einer Guillotine enthauptet hatte. Aus dem Gefängnis konnte er fliehen, nachdem dieses durch einen Luftangriff beschädigt worden war. Dies ereignete sich kurz vor dem Ende des Zweiten Weltkrieges.

Nach dem Krieg wurde er im Jahre 1949 in Opava ein weiteres Mal verhaftet, nur mit dem Unterschied, daß jetzt die Kommunisten an der Macht waren. Ohne Beweise wurde er als Scharlatan angeklagt und zur Zwangsarbeit verurteilt. Es gelang ihm aber dann, eine Erkrankung von Epilepsie vorzutäuschen, worauf er nach ca. 2 Monaten entlassen wurde. Aus dem Lager hat er mir einen durchgeschmuggelten Brief schicken lassen, um seine Frau davon zu verständigen, wo er sich befindet und was er braucht. Damals hatte ich ungeheuere Angst, denn ich studierte Medizin, und schon das Wissen darüber konnte meinem Studium ein Ende machen. Als er das nächste Mal verhaftet wurde, am 26.3.1958 in seiner Wohnung in der Obloukova in Opava, traf auch mich das gleiche Schicksal. Angeklagt wurde er hauptsächlich wegen "unerlaubter Arzneimittelherstellung", da er viele seiner Heilmittel nach alchemistischen Rezepten selbst herstellte. Ehe es jedoch zur Gerichtsverhandlung kam, starb der Meister in der Gefängnisabteilung des Krankenhauses, wo ich arbeitete, aber leider von seiner Anwesenheit nichts wußte. Ich wurde trotzdem verurteilt, und zwar wegen Beihilfe zur "unerlaubten Arzneimittelherstellung", weil ich für Franz Bardon verschiedene Zutaten für die Heilmittelerzeugung besorgt hatte. Obwohl er schon tot war, habe ich meine Strafe verbüßen müssen.

Mein Arztdiplom sollte mir aberkannt werden, und außerdem sollte ich zur Zwangsarbeit in die Gruben geschickt werden. Meine Frau hat durch diese Ereignisse ihr Leben verloren, mich aber hat die Göttliche Vorsehung trotz alledem weitergeführt auf den Spuren des größten Meisters, den es für mich gab. Und ich bin glücklich und dankbar, daß mir als einem von wenigen Erwählten die Möglichkeit gegeben wurde, bis heute unter seiner persönlichen Führung und Obhut zu wachsen, denn der Weg endet nie. Mehr kann ich zur Zeit nicht sagen, denn noch ist die Pflicht des Schweigens nicht über alle Dinge aufgehoben.

Es gibt verschiedene Systeme, durch welche man zu Gott kommen kann. Der Weg des Meisters ist für den Abendländer der klarste, reinste, verständlichste und kürzeste, obwohl dementsprechend mühsam. Je spitzer, steiler und höher der Berg, um so anstrengender und schwieriger ist der Anstieg. Trotzdem kann man in einem Leben die drei Bücher des Meisters erklimmen, was er auch wußte, als er mir die zweite und dritte Widmung, "meinem Freund und Schüler zum Andenken und zur Erinnerung", in meine Bücher "Die Praxis der magischen Evokation" und "Der Schlüssel zur wahren Quabbalah" schrieb. In verschiedenen Briefen, die bei unserer Verhaftung beschlagnahmt wurden, hat er die Unterschrift benutzt, wie sie von den Mitgliedern des Ordens der Rosenkreuzer benutzt wird. Er hat mich gelehrt, jeden Augenblick, jede Sekunde meines Lebens vollkommen auszunutzen, zugunsten der Nächsten, in tiefer Demut vor der Göttlichen Vorsehung. Trotz aller schweren Augenblicke habe ich mich nie gefürchtet, sondern ihm vertraut und geglaubt. Die Schwierigkeiten des Lebens sind nicht Strafen, sondern Lehren, manchmal auch Prüfungen, ob man sich wirklich und aufrichtig nach geistiger Entwicklung sehnt. Will man sich der Vollkommenheit ganz weit nähern, um wie Abraham in der Bibel bereit zu sein, das Allerliebste zu opfern - seinen eigenen Sohn Isaak - dann muß man sich bereithalten, in jedem Augenblick sich den allerschwersten Problemen gegenüberzustellen. Es ist nichts so schlimm, als daß es nicht noch schlimmer werden könnte. Aber es gibt keine noch so schwere Aufgabe, zu deren Bewältigung man nicht die entsprechenden Kräfte entwikeln könnte, sonst würde die Göttliche Vorsehung den Menschen solche Prüfungen nicht stellen.

* * *

Anmerkungen zur Hermetik

Vorwort

Hermetik ist ein Hobby. Es dient dazu, vollkommener zu werden. Nicht mehr und nicht weniger. Da es ein Hobby ist, also keine Pflicht und Notwendigkeit, sollte man sich auch an der Beschäftigung mit dem Hobby freuen, wenn möglich richtig Spaß daran haben. Wer sein Hobby liebt, wird ihm jede freie Minute opfern, wird sich soviel Zeit wie möglich reservieren, um sich damit zu befassen. Zur Hermetik ist allerdings unheimlich viel Geduld nötig, die aber mit Begeisterung und Neugierde für die Übungen verwirklicht werden muß, wobei man nie den Mut verlieren sollte.

Von Hindernissen darf man sich nicht enttäuscht fühlen, ja, man sollte sich darüber freuen, denn sie sind ein Zeichen dafür, daß die Göttliche Vorsehung sich um uns sorgt, uns Gelegenheit gibt, unsere Eigenschaften und Kräfte zu prüfen und zu stählen. Durch die Introspektion sollen wir von alleine darauf kommen, wie die Hindernisse zu überwinden sind, was uns noch fehlt. Ebenso wie ein Sportler durch Training seine Fähigkeiten verbessert. Ja, man kann den Weg zur Vollkommenheit in Analogie zu einem Sportler sehen, der z.B. für den Sieg beim Weitsprung trainiert, sich darauf vorbereitet, seine Ernährung danach einrichtet, und sich über jeden Zentimeter freut, den es ihm gelingt, weiterzuspringen. Er weiß zwar, daß er nicht gleich Weltmeister wird und beim ersten Sprung acht Meter erreicht. Aber er ist **fest** davon überzeugt, daß ihm der Sieg eines Tages gelingen wird und läßt sich **nie** durch irgend jemanden davon abbringen durch Sätze wie: Sport ist zwecklos, anstrengend und reine Zeitverschwendung. Nun, darum ist es eben ein Hobby, um die Zeit sinnvoller zu verbringen, anstatt ohne Ende auf einen Fernsehapparat zu starren und alle Gewohnheiten dem Programm unterzuordnen. Diese Dinge können so weit gehen, daß Menschen ihre Essgewohnheiten nach dem Fernsehprogramm richten, weil sie sonst fürchten, irgend etwas darin zu versäumen, selbst wenn es nur die Werbung ist. Wie mein Freund Dr. Lumir Bardon, der Sohn des großen Meisters, in seinen Erinnerungen bezeugt, hatte dieser zwar einen Fernsehapparat, aber er hat sich nie etwas darin angesehen.

In der Kindheit ist es wichtig, die Vorstellungskraft zu entwickeln, und die Kinder auch an das Konzentrieren zu gewöhnen, aus Märchen gute Beispiele und Schlüsse zu ziehen, damit sich eine Unterscheidung von Gut und Böse entwickelt, usw. Wie der Meister sagte: "Am Guten soll man sich freuen, und am Bösen soll man lernen."

Die Sehnsucht, vollkommen zu werden, oder sich der Vollkommenheit **so weit wie möglich** zu nähern, wird meistens angeboren. Der Entschluß wird also aus dem früheren Leben mitgebracht. In der Pubertät kommt diese Eigenschaft meistens zum Vorschein. Man bekommt Lust, sich selbst kennenzulernen und seine Kräfte zu messen, was sogar so weit gehen kann, daß man versucht, die Grenzen seiner eigenen Belastbarkeit zu erfahren. Gerade so, wie manche beim Volleyballtraining auf den Füßen bleierne Gewichte tragen, versucht man sich selbst zu überwinden. Das ist der richtige Weg!

Wenn die Begeisterung bis ins hohe Alter reicht, dann wird der Segen nicht ausbleiben. Man soll darauf hinarbeiten, das ganze Leben mit Freude zu erfüllen und auch bei der Arbeit den Humor nicht zu verlieren, weil man damit mehr erreicht, als durch Griesgrämigkeit. Man hört mit dem Spielen nicht auf, weil man älter wird, sondern man altert, weil man mit dem Spielen aufgehört hat. Die Eigenschaft eines Kindes, das Leben als ein großes Wunder zu betrachten, sollte man im Leben nicht verlieren. Niemand soll sich die Gelegenheit entgehen lassen, dieses Wunder **mitzuerleben**. Das Leben gehört uns, deshalb laßt es uns mit vollen Zügen genießen, jede Sekunde bewußt mit Freude erfüllen!

Durch feste Überzeugung machen wir uns über alles erhaben, mit der Gewißheit, daß uns nie etwas begegnen wird, für dessen Bewältigung wir nicht die notwendigen Kräfte hätten.

Wie erkennt man einen Hermetiker - ob Übenden, Adepten oder voll entwickelten Magier? Äußerlich überhaupt auf keine Weise. Er lebt, arbeitet, ißt, schläft, benimmt sich wie alle anderen Menschen - aber hundertprozentig **bewußt!** Jede Sekunde nützt er für die Entwicklung und/oder für die Hilfe am Nächsten, den Bedürftigen, die ihm die Vorsehung geschickt hat.

Mit Freude, Neugierde, und sogar mit Begeisterung bewältigt er seine Übungen und magischen Operationen. Alles, was er im alltäglichen Leben unternimmt, macht er analog, als wenn es sich um magische Handlungen handelt. Ob er geht, den Kaffee süßt, Gewürze oder andere Zutaten unter Speisen mischt, er tut es wie eine magische Handlung, je nach Gelegenheit verbunden mit magischen Zahlen. Er stellt sich vor, daß jeder Tropfen mit einer bestimmten Eigenschaft geladen ist - und zweifelt nie an der Wirkung. So spielt er wie ein Kind bewußt mit jedem Gedanken, jeder Bewegung, jedem Schritt, sogar vor dem Einschlafen, um sich selbst oder auch andere im guten Sinne zu beeinflussen. Und er freut sich aufrichtig und mit Begeisterung über die kleinsten Erfolge, die er erzielt hat.

So haben der Meister und ich es gemacht, als wir zusammen waren. Er hat oftmals gelacht über meine albernen Einfälle, obwohl es sich um ernste Dinge gehandelt hat. Wo steht geschrieben, daß man bei den Übungen weinen soll? - oder mit Zorn, obwohl gegen sich selbst, die Ergebnisse bewerten? - oder sogar mit Angst? NEIN! Niemals hat mir der große Meister eine einzige Rüge erteilt. Er hat höchstens eine allegorische Geschichte "über einen Magier" erzählt, der dieses und jenes nicht beachtet hat und deswegen Mißerfolge erntete. Oder er erzählte, was **ihm** für ein Fehler unterlaufen ist, zu welchem Ergebnis das geführt hat, und wie er es wieder ausgleichen mußte. Damals habe ich nicht geahnt, daß es sich eigentlich um mich handelte und eine Warnung für meine Zukunft bedeutete. Er sagte nie direkt, ich solle dies oder jenes unterlassen oder sogar tun. Wenn ich fragte, erklärte er mir, wie alles gemacht wird und was zu beachten ist, alles weitere der Durchführung lag dann bei mir. Dadurch lernte ich, keine Angst vor Fehlern zu haben, um durch Mißlingen, durch Wiederholung, von der Göttlichen Vorsehung geführt, zu lernen, wie man es zuletzt *richtig* durchführt. Wiederholung ist die Mutter der Weisheit.

Deshalb, nicht den Kopf hängen lassen und fest auf sich selbst vertrauen, oder wie die Franzosen sagen: "Hilf Dir selbst, dann wird Dir auch der Himmel helfen". Schwach wird nur derjenige, der den Glauben an die eigenen Kräfte verloren und seine Vorstellung nur auf kleine Ziele gerichtet hält. Das jedoch haben wir nicht, wir haben große Ziele! Schon die Tatsache, daß Sie diese Worte lesen, bezeugt, daß Sie, wenn auch vielleicht noch unbewußt, den Wunsch nach Vollkommenheit in sich getragen haben. Diese kleine Abhandlung soll dazu beitragen, Sie etwas zu führen und zu unterstützen, und zwar mit Freude und Begeisterung.

Lebenslauf

Im Alter von 9 Jahren, in der dritten Klasse der Grundschule, bekam ich den Eindruck, als ob ein anderes Wesen in mir lebt, weil ich die Fragen meiner Lehrerin schon im voraus wußte, und danach auch gleich die Antworten. Das ging so weit, daß ich auch Fehler der Lehrerin, die sie manchmal beim Schreiben auf der Tafel machte, sofort entdeckte. Um nicht aufzufallen und in Schwierigkeiten zu geraten, mußte ich diese Fähigkeit sorgfältig für mich behalten.

In dieser Zeit erkrankte meine Mutter schwer, und ich mußte sie versorgen. Bis zur Beseitigung von Kot und Urin reichte meine Hilfe, denn sie hatte Hirnabszeß und verlor ab und zu das Bewußtsein. Wir waren arm, und ehe wir das Geld zusammenbrachten für eine gründliche Untersuchung in der Klinik - war es schon zu spät. Zwar wurde sie noch zweimal operiert, aber in den Narben entwickelte sich eine Geschwulst, und einen Tag vor der dritten Operation platzten die Tumorgefäße und sie starb mit 31 Jahren, gerade an meinem Geburtstag. So begann mein dreizehntes Jahr des irdischen Daseins.

Mein Bruder war acht Jahre alt und auch schwer krank. Nach einer Scharlachinfektion bekam er einen bösen Nierenschaden mit Blutungen, Blutmangel, Ödemen und vereiterte Innenohrentzündung. Mein Vater mußte jede Woche für ihn Blut spenden.

Der Zweite Weltkrieg war im Gange. Mein Vater arbeitete als Schmied in einer Stahlfabrik für Panzerausrüstung, jeden Tag 16 Stunden unter der Bewachung der deutschen Gestapo. Wir wußten nie, ob er abends heimkehren würde, denn jede Nacht wurde jemand wegen Sabotage verhaftet und abgeführt. Ich mußte den ganzen Haushalt meistern, kochen, waschen, fensterputzen und schlangestehen für die Nahrungsmittel. Inzwischen war ich in der Oberschule, aber wir brauchten in der Woche nur einmal dorthin zu gehen, um Hausaufgaben abzuholen und die fertigen abzugeben, weil aus Gründen der Energieeinsparung nicht geheizt wurde. Als der Krieg zu Ende war, ich war vierzehn Jahre alt, sagte mir mein Vater, daß er mich nicht länger umsonst verpflegen könne, und ich müßte in die Kohlengruben zur Arbeit gehen. Ich habe ihn aber angefleht, mich weiter in die Schule gehen zu lassen, und würde mich dafür verpflichten, dasselbe Geld nach Hause zu bringen, als wenn ich im Kohlenschacht arbeiten würde. Von da an ging ich um halb vier morgens in die Molkerei Milchkannen schleppen, wofür ich dann ein Frühstück bekam. Außerdem bekam ich einige Lebensmittelkarten, denn zu jener Zeit waren Nahrungsmittel knapp. In der Schule habe ich während der Pausen meine eigenen Hausaufgaben gemacht, damit mir noch Zeit genug blieb, um nach der Schule einigen schwächeren Schülern Nachhilfeunterricht zu geben. Nach Ladenschluß der Geschäfte habe ich beim Dekorieren der Schaufenster geholfen und für einige auch die Rechnungen und Steuererklärungen erledigt, wofür ich dann nur in der Nacht Zeit hatte. So habe ich mir angewöhnt, nur 3 - 5 Stunden zu schlafen, damit ich mich um halb vier wieder frisch auf die Socken machen konnte. Auf diese Art hat mich die Göttliche Vorsehung auf meine zukünftigen Lebensaufgaben vorbereitet. Sie hat mich fleißig schuften gelehrt, mit Freude alle Hindernisse zu beseitigen, Zähigkeit zu entwickeln, nicht nachzugeben und dabei immer meine Ziele zu verwirklichen.

Als ich hilflos den Leiden meiner Mutter und meines Bruders zusehen mußte, habe ich mir versprochen Arzt zu werden, was auch der seligste Wunsch meiner Mutter war.

In den Schulferien bin ich auch noch in den Kohlenschacht arbeiten gegangen, ca. 800 Meter unter Tage. Einmal waren wir verschüttet, und ich habe bis heute die Zeichen der Kohle auf meinem rechten Knie. Acht Stunden hat es gedauert, bis uns die Kameraden halbtot bergen konnten. Es hätte keine halbe Stunde später sein dürfen, denn dann wären wir an Sauerstoffmangel gestorben. Doch schon damals hatte ich keine Angst, sondern vertraute der Göttlichen Vorsehung, denn ich wußte, daß ich noch viel zum Wohl der Menschheit lernen und arbeiten mußte. Ich habe mich beobachtet wie einen Fremden, ließ meine Gedanken laufen, beobachtete sie, beurteilte und ordnete sie und schmiedete weitere Zukunftspläne. Mit achtzehn hatte ich dann jede Angst verloren. So war das eine gute Erfahrung, eine Gedächtnisstütze dafür, daß ich durchzuhalten wußte und imstande war, den Überblick zu behalten, ohne in Panik zu geraten. Diese Eigenschaft hat sich oftmals bewährt, z. B. als ich verhaftet wurde und als ich bei den Fliegern war. Immer habe ich mich der Sonne meiner Ziele zugewandt, und alle Schatten blieben hinter mir. Als ich dann dem Meister begegnete, sagte er nichts, sondern klopfte mir mit der Hand auf die Schulter - bestanden. Dies habe ich etwas ausführlicher erzählt, um zu bezeugen, daß im Leben nichts umsonst geschieht. Wie der Meister zu sagen pflegte: "Das Leben ist kein Rummelplatz, sondern eine Schule. Freu Dich über das Gute, lerne vom Bösen". Nicht alles ist eine Strafe - sondern meistens Probe, oftmals die Gnade der Gelegenheit, gute Eigenschaften zu stärken und zu stabilisieren.

Der Meister: Angewohnheiten - Verkörperungspflichten

Der Meister hat stark geraucht, wie sein Sohn geschildert hat, und trank starken Kaffee. Ab und zu trank er auch mal ein Bier, aber sonst keinen Alkohol. Erst heute ist es mir klar, daß er aus seinem Körper wortwörtlich alle Kräfte "herauswringen" wollte, um in der ihm zur Verfügung stehenden Zeit alles das zu schaffen, was ihm auferlegt war. Er arbeitete hart und ununterbrochen. Nachts gönnte er sich nur wenige Stunden Schlaf. Da er sich selbst auf magische Weise keine Kräfte zuführen durfte, hat er es auf die genannte Art und Weise gemacht. Außerdem hatte er eine Unterfunktion der Schilddrüse, was mit Ermüdung, Schläfrigkeit, verlangsamtem Denken und Willensschwäche verbunden ist. Gegen diese Krankheit hat er Hormone der Schilddrüse eingenommen, die ich ihm verschrieben hatte. Außerdem litt er an Gallensteinen. Diät hat er aber kaum eingehalten, sondern gewöhnliche allopathische Arzneimittel genommen, wie andere Sterbliche auch. Er war ziemlich dick, hat es aber abgelehnt, den Wunsch der Abmagerung zu äußern, sondern pflegte zu sagen: "Die liebe Göttliche Vorsehung wird es mir vielleicht auf eine solche Weise servieren, auf die ich lieber verzichte." Damit meinte er eine bösartige Geschwulst oder sonst eine unangenehme Krankheit. Diese Zusammenhänge waren mir am Anfang auch nicht begreiflich, und erst nach und nach wurde ich darüber aufgeklärt. Dann tat ich alles für seine Gesundheit, um ihm sein Schicksal zu erleichtern, das er als Franz

Bardon auf sich genommen hatte, und ihm die gigantischen Aufgaben dieser Verkörperung zu ermöglichen. Ich war es auch, der dahintergekommen ist, woran er gestorben ist. Wie zum Hohn in demselben Krankenhaus, wo ich zu dieser Zeit arbeitete, nur in der Häftlingsabteilung, wo niemand von den Zivilpersonen Zutritt hatte. Nicht einmal eine Ahnung hatte ich, daß er dort war - vielleicht schon bewußtlos. Dies, obwohl ich es war, der dem Meister die Verhaftung vorausgesagt hatte, was aber sonst niemand wußte. Ich hatte eine Vision, daß er mit einem Taucheranzug bekleidet war, mit auffälligen Gittern vor dem Gesichtsglas, und offenbar nicht heraus konnte. Als ich es ihm sagte, war er verblüfft - oder tat nur so - und wurde traurig. Aufrichtig gesagt, damals war ich mir der Bedeutung der Vision nicht bewußt. Als ich ihn fragte, warum er so traurig sei, da er doch sonst immer zum Spaßen aufgelegt war, sagte er mir: "Glauben Sie nicht, daß auch mir die Undankbarkeit der Menschen, denen ich geholfen habe, weh tut?" Ich dachte mir damals, daß ein so großer Meister darüber hoch erhaben sein müßte. Heute weiß ich Bescheid und erinnere mich an ähnliche Worte des Christus, die er in seinen letzten Tagen gesprochen hat. Außerdem habe ich ihn auch früher einmal in trüben Gedanken versunken gesehen, und als ich nach dem Grund fragte, hat er geantwortet, daß ihm das Ersatzschicksal des richtigen Franz Bardon, in dessen Körper er weilte, Sorgen bereite. Damals waren mir solche Plagen ziemlich gleichgültig, denn als hermetisches Embryo glaubte ich, daß ich mich mit solchen Problemen nie würde beschäftigen müssen. Heute würde ich mir wünschen, die Gelegenheit zu haben, seine Sorgen teilen zu dürfen, um mit diesem Problem mehr vertraut zu werden.

Ein Pilger saß tausend Jahre vor der Paradiesespforte, da schloß er von Müdigkeit überwältigt einen Augenblick seine Augen. Genau in diesem kurzen Moment öffnete sich leise die Pforte und schloß sich wieder.

Ausdauer - Geduld - Geistesbeherrschung - Geistesruhe

Einmal war ich beim Meister und wollte eine Flasche Bier öffnen. Da ich zu bequem war den Öffner zu suchen und mich großtun wollte, versuchte ich die Flasche im Türschloß zu öffnen, obwohl mich der Meister warnte. Selbstverständlich brach der Hals der Flasche ab, und fast eine halbe Flasche Bier floß auf den Boden. Am liebsten wäre ich in die Erde versunken, um dieser Schande nicht ins Auge sehen zu müssen. Aber der Meister und die Wirtin lachten nur, während ich das vergossene Bier vom Boden aufwischte.

Dann erzählte der Meister mir, wie es ihm als Tschela (Schüler) in Tibet ergangen ist. Einmal schickte ihn sein Guru mit einer Nadel zu einem weit entfernten Freund. Dort angekommen, schickte ihn der Freund wieder zurück, ohne die Nadel näher angesehen zu haben. Er wunderte sich darüber, zuckte mit den Schultern und lief wieder zurück. Dort angekommen, schickte ihn sein Meister ohne Unterbrechung wieder zurück, und der Freund machte es ebenso. Da er müde wurde, ergriff ihn eine Wut, weil er immer hin und her laufen sollte, ohne daß jemand an der blöden Nadel Interesse zeigte. Erst nachdem sich seine Wut in Demut, Ausdauer und Ruhe verwandelt hatte, durfte er nach der sechzehnten Wiederholung Schluß machen. "Es geschieht nichts ohne Grund auf der Welt", beschloß mein Meister die Geschichte, und ich war mir nicht sicher, ob die Sache mit der Bierflasche nicht von ihm vorbereitet war, um mir eine praktische Lehre zu erteilen.

Gewissen

Das Gewissen ist ein Aspekt der Göttlichen Vorsehung, des Akasha. Falls wir Gewissensbisse haben, heißt dies - etwas ist nicht in Ordnung. Meistens wird uns in Gedanken bewußt, welche Taten falsch waren. Manchmal kommt die Erklärung auch im Traum, vielleicht sogar im voraus als Warnung, worauf man achten soll. Vorsicht: Träume sind nicht an Zeit gebunden, ein Ereignis muß nicht am nächsten Tag eintreten. Sie spiegeln die Arbeit, den Inhalt von Träumen und Sehnsüchten des Unterbewußtseins wider. Sind sie mit Flammen oder Lichtglut begleitet, so ist dies eine ernste Warnung. Man soll sich also in acht nehmen. Ansonsten sollte man sich jeden Abend einen Überblick über seine Tageserlebnisse machen, um die Möglichkeit nicht zu versäumen, die entsprechenden Eigenschaften vor dem Einschlafen durch Autosuggestion im Unterbewußtsein zu verankern. Dabei muß man ganz aufrichtig zu sich selbst sein, denn der größte Betrüger ist derjenige, der sich selbst betrügt. Wenn man böse oder auch nur ungerechte Handlungen entschuldigt, vertuscht oder bagatellisiert, dann kommen die Gewissensbisse. Man sollte sich angewöhnen, jeden Tag mit gutem Gewissen schlafen zu gehen.

Eile

Kurz gesagt: Eile ist zu nichts zu gebrauchen. Das alte Sprichwort: "Eile mit Weile", weiß warum. Meistens muß man alles, was man in Eile gemacht hat, noch einmal machen, weil man Fehler begangen hat. Hast Du für eine Sache nicht genug Zeit, dann laß lieber die Finger davon. Ordne Deinen Tag und Deine Geschäfte so, daß Du Dir bewußt Zeit schaffst, indem Du keinen Moment verschwendest. Nur Schwächlinge **warten** auf Gelegenheiten, wo die Starken zielbewußt und schöpferisch sich die Gelegenheiten **selbst schaffen**. Unmöglich ist nur das, was wir nicht gewagt haben.

Die meiste magische Arbeit beginnt nicht umsonst um Mitternacht. Dabei geht es weniger um die Mitternachtsgeisterstunde, als um die Ruhe der Umgebung. Der Meister ist manchmal nach einem Bad schlafen gegangen, um dann nach kurzer Ruhe in der Nacht seine Evokationen oder magischen Arbeiten zu machen, mit guter Laune und nach einem festen Plan. Ist man zu Hause zu sehr gestört, dann suche man sich eine abgelegene, ruhige Stelle. Friedhöfe sind dazu gut geeignet, aber nicht unbedingt notwendig. Normale Menschen meiden nachts diese Orte, sei es aus Angst oder Ehrfurcht, deshalb ist man dort vor Störungen sicher. Dem Magier, der einen solchen Ort zielbewußt aufsucht, steigert es vielleicht die Spannung, vermehrt seine Kräfte. Um es nochmals zu wiederholen, dies ist keine Notwendigkeit, und schwächere Naturen sollten es besser unterlassen. Auch in einer vielköpfigen Familie gibt es nach dem allgemeinen Schlafengehen sicherlich einen Sessel, wo man für einige Zeit meditieren und üben kann. Wenn jemand vorbeikommt, ergibt es eine Steigerung der Spannung, und ich sage einfach, daß ich mir das Rückgrat ausstrecke. Um vier Uhr morgens fängt man in Tibet den Tag an. Man ist ausgeschlafen, frisch und munter, und die Umgebung ist noch ruhig.

Wenn man sehr wenig Zeit hat, sollte man die vorzunehmende Arbeit oder Übung vorher gut durchdenken und sich den Ablauf in Stichworten aufschreiben, die so zu halten sind, daß sie niemand versteht, wenn er sie finden sollte. Auf diese Art bereitet man einen fehlerlosen Ablauf vor. Im Bewußtsein werden Gedächtnisstützen geschaffen, und nach dem Anfang läuft ein fehlerloses Programm ab, wie in einem Computer. Dieser ist nichts anderes als eine schwache Nachbildung des menschlichen Denkens, auch, wenn er manche Prozesse gleichzeitig ablaufen läßt und schneller arbeitet, weil die beim menschlichen Denken auftretenden Nebeneindrücke und Gedanken fortfallen.

Neugierde

Eines Tages, als der Meister zu Evokationen aus dem Haus gegangen war, half ich der Haushälterin beim Geschirr aufräumen. Dabei stellte ich ihr verschiedene Fragen über den Meister, was er so tut, wen er empfängt und anderes. Jedenfalls solche Fragen, die ich nie gewagt hätte an ihn selbst zu richten. An sich waren es keine bedeutsamen Fragen, eben nur zur Befriedigung meiner Neugierde und um mein Bild vom Meister zu vervollständigen. Der Tisch war schon abgeräumt und nur eine Zündholzschachtel lag noch darauf. Inmitten meiner eifrigen Fragen begann die Zündholzschachtel plötzlich in die Höhe zu springen, so etwa zehn Zentimeter hoch. Erst als ich schwieg, hörte der Spuk auf. "Sehen Sie", warf mir die Haushälterin vor, "das haben Sie davon, und ich kriege auch noch meinen Teil, wenn er nach Hause kommt." Ich ging dann schlafen. Morgens nach dem Aufstehen erwartete ich eine Rüge vom Meister, doch er sagte nur: "Habt ihr euch gut unterhalten?" Dabei schmunzelte er und schien gar keine Antwort zu erwarten. Ich war froh und leise wie ein Mäuschen. Es ist ja auch möglich, daß er gar nicht selbst beteiligt war und nur seine Schutzgeister meiner Neugierde Einhalt geboten haben. Vorsichtshalber habe ich die Haushälterin gar nicht gefragt, ob er etwas zu ihr gesagt hat. "Ein Mundfauler bringt es zu nichts - aber Reden ist Silber und Schweigen ist Gold!"

Introspektion - Selbsterkenntnis

Introspektion - Selbsterkenntnis ist in vielen Religionen zu finden. Als Beispiel sei die Beichte erwähnt. Sie besteht darin, sich der eigenen Eigenschaften bewußt zu werden. Von jenen, die uns im Leben behindern, Abstand zu gewinnen, und die guten oder positiven heranzuzüchten, um unser Selbstbewußtsein darauf zu stützen. Wenn es uns schlecht gelingt, muß es nicht immer an der Zahl 13 liegen, sondern daran, daß wir die Eigenschaften schlecht erkannt haben.

Einst habe ich mich geschämt für meine vielen negativen

Eigenschaften, doch dann hat mich der Meister darüber aufgeklärt: Entscheidend ist nicht die Gesamtzahl der negativen Eigenschaften, sondern, ob sie innerhalb der Elemente in einem bestimmten Verhältnis stehen. Sagen wir, 21 im Feuer-, 20 im Luft-, 19 im Wasser- und 18 im Erdelement. Noch besser ist es, ebensoviele positive wie negative Eigenschaften zu haben. Stützen Sie sich auf die guten Eigenschaften, und beeinflussen Sie Ihr Unterbewußtsein durch Autosuggestion vor dem Einschlafen, laden Sie die Eigenschaften in Speisen und Getränke, atmen Sie sie ein, wiederholen Sie sie bei allen automatischen Bewegungen, z. B. beim Gehen. Stellen Sie sich vor, daß die negativen Eigenschaften Sie verlassen, beim Rasieren, bei den Ausscheidungsvorgängen usw.: der Einbildungskraft sollen keine Grenzen gesetzt werden.

Der Meister hat mich mal gefragt, wieviele Arten von Freude ich aufzählen kann. Dann hat er etwas von 36 angedeutet. Das sind Dinge, mit denen man auch in der Hermetik spielerisch umgehen darf. Spielen und wieder spielen, mit Begeisterung und Freude, obwohl es sich um ernste Dinge handelt.

Nochmals sei es gesagt: Besonders auf die positiven Eigenschaften Wert legen! Und noch etwas: Wenn Sie den Wunsch nach Umwandlung einer bestimmten Eigenschaft äußern und in diese Richtung weiterarbeiten, dann wird Ihnen die Göttliche Vorsehung Gelegenheiten zur Bewährung geben, um die entsprechende Eigenschaft durch Hindernisse zu stärken, die auf Sie zukommen werden. Akasha, die Welt der Ursachen, ist wie der Bogen eines Schützen, gespannt durch die Sehne, aber in der Grundstellung in Ruhe. Äußern wir einen Wunsch, so ist dieser Wunsch wie der Pfeil, der durch die Spannung der Sehne in eine bestimmte Richtung geschossen wird. Je nach der Dynamik des mentalen Wunsches wird dann in der Astralwelt die Situation geschaffen, um sich in der materiellen Welt zu realisieren. Der empfindliche, aufrichtige Magier erkennt in Hindernissen gleich, daß uns, entsprechend unserer Standhaftigkeit, von der Göttlichen Vorsehung darin die Möglichkeit der Verbesserung gegeben wird. Und lächelnd ergreifen wir die helfende Hand und freuen uns, wenn wir der Vollkommenheit wieder ein kleines Schrittchen näher gekommen sind. Der gewöhnliche Mensch äußert manchmal tausend Wünsche. Aber wenn die Gelegenheit zur Verwirklichung kommt, klagt er über die Ungerechtigkeit, wenn ihm Hindernisse in den Weg kommen.

Man soll nicht beten: "Lieber Herrgott, führe mich nicht in Versuchung, sondern befreie mich von allem Bösen!" Ein Magier äußert den Wunsch: "Ich möchte die Kraft und Erkenntnis, um das Böse zu besiegen!" Und er weiß, wo sie zu holen sind. Denn er darf vor nichts zurückschrecken, ohne Ausnahme. Alles, was auf ihn zukommt, hat seinen Zweck für seine Weiterentwicklung. Denn was ist das für eine Tugend, die nicht durch die Flamme der Versuchung geprüft worden ist?

Der Meister war immer zufrieden, wenn Hindernisse auf ihn zukamen, denn er wußte dann, daß die Göttliche Vorsehung ihn nicht vergessen hat. Wenn wir reifer werden, realisieren sich unsere Wünsche in kurzer Zeit. Deswegen wird ein Eingeweihter, welcher sich dessen bewußt ist, niemals, auch nicht in der Gedankenwelt, einen Wunsch aussenden, der jemandem Schaden oder die universale Harmonie stören könnte. Er müßte nämlich die volle Verantwortung dafür tragen. Auch zu diesem Zweck dient die Gedankenkontrolle, die Introspektion, die sich in einem automatisieren muß. Jeder Gedanke muß fast leiblich gefühlt werden.

Konzentration

Ein Künstler, ein Virtuose fängt nicht gleich mit dem Spielen des Meisterstückes an, sondern vorher macht er Fingerübungen, Etüden und wiederholt die schwierigsten Passagen. Ähnlich soll man vor der Hauptkonzentrationsübung erst mit dem Leergefühl anfangen. Die Gedanken, die sich von selbst melden, soll man vorbeilaufen lassen, ohne dazu Stellung zu nehmen und sich wie ein Fremder dazu verhalten. Manche kommen wiederholt vorbei - es ist der Spiegel unseres Unterbewußtseins, bestehend aus Gedanken, unseren Wünschen, Befürchtungen und Träumen, die uns im Wachzustand meistens beschäftigen, uns auch belästigen, uns Kräfte wegnehmen und am fruchtbaren Handeln hindern. Durch Nichtbeachtung vermeiden wir die Kraftabgabe, denn die Gedanken erschöpfen sich, werden schwach und schwächer, bis sie sich vollkommen in entsprechende Elemente zerlegen und auflösen, und somit die Macht über uns verlieren. Es ist dieser Zustand der Leere, Gedankenstille, auch negativer Zustand genannt.

Es genügen meist 10 Minuten, und am Ende kommt das ersehnte Leeregefühl, wo wir nichts spüren, nichts sehen, nichts fühlen, nichts schmecken, nichts riechen. Der Körper befindet sich in einer entspannten Sitzhaltung, Asana, ganz locker. Nun können wir uns intensiv, ohne lästige Eindrükke, richtig zielbewußt und ungestört konzentrieren. Beispielsweise konzentrieren wir nur eine Farbe, wobei wir für die Dauer je nach Bedarf eine Weckuhr benutzen können, und lassen dabei keine äußeren Eindrücke an uns heran.

Falls irgend etwas aus dem Unterbewußtsein auftaucht, wehren wir die störenden Eindrücke ab, ohne die Aufmerksamkeit von der Farbe zu wenden, als ob um die Farbe herum ein magnetisches Feld mit Absauger wäre, der alle Störungen aufsaugt. Das Geheimnis des ganzen Geschehens ist also, keine Aufmerksamkeit, somit Kraft und Energie an Störungen abzugeben, dagegen der gewünschten Farbvorstellung die volle Energie zu widmen. Spielend die Energie verdichten, bis sie kugelförmig leuchtet wie eine farbige Sonne, bis sie glänzt oder sogar fluoresziert wie eine Neonröhre oder ein Opalstein, dabei die Farbe verdichtend und abschwächend. Wir können auch die Kugel verformen, und wenn der Wecker nach 5-10 Minuten erklingt, lösen wir die Farbe auf. Die Auflösung kann entweder plötzlich wie eine

Detonation erfolgen, wobei wir gleichzeitig das Gefühl der Leere hervorrufen, oder wir lassen die verdichtete Kraft sich im Universum auflösen, oder übergeben sie dem entsprechenden Element ohne Ladungseigenschaften.

Am allerbesten kann man eine Gewohnheit durch wiederholte Vorstellungskonzentration festigen. Man bestimmt die Quelle der Kraft und die Eigenschaft und verbindet sie mit Farbe, Ton, Gefühl, Geschmack, Duft, je nach Wunsch einzeln oder zusammen. Beispielsweise kann man Farben als feurige Nebel, wolkenförmig oder diffus, oder wie ein Tropfen, faden- oder strahlenförmig vorstellen. Dabei kann man das Element durch den entsprechenden Finger der **linken** Hand (Kleinfinger = Luft, Ringfinger = Erde, Mittelfinger = Akasha, Zeigefinger = Feuer, Daumen = Wasser) in den Körper ziehen, und wunschgemäß in die entsprechenden Körpergegenden, z.B. Kopf - Feuer, Brust - Luft, Bauch - Wasser, Beine - Erde, stauen, oder es außerhalb des Körpers in eine bestimmte Form und/oder Ebene (Akasha, mentale, astrale oder phyische Ebene) verdichten. Soll die Verdichtung aufgehoben werden, zieht man das entsprechende Element aus der Körperregion und läßt es durch den entsprechenden Finger der **rechten** Hand fließen und sich im Universum auflösen.

Machen wir uns diesen Vorgang zur Gewohnheit, also z. B. 1. Energiequelle, 2. Ebene, 3. Kraftstauung, 4. Analogie der Elemente im Körper, 5. Aufsaugen, 6. Auflösung - dann können wenig Fehler passieren. Einmal ist keinmal, und zweimal ist schon Gewohnheit. Es ist gut, sich an ein solches kleines Ritual zu gewöhnen, denn je intensiver wir mit der Energie arbeiten, desto mehr müssen wir die Analogien beachten. Wenn wir nämlich z. B. eine Energie verdichten, und vergessen sie wieder aufzulösen, könnte es zu Schäden an unserer Gesundheit führen, und zwar um so mehr, je intensiver wir die Kräfte verdichten können. Nochmals sei wiederholt, was im Vorwort gesagt wurde: falls wir die Energie **nicht** für **uns** gebrauchen wollen, sondern für jemand anderen, lassen wir die Energie mit **unserem** eigenen Körper **NICHT** in Kontakt kommen, sondern wir stauen sie außerhalb unseres Körpers. Es ist empfehlenswert, jede Konzentration, Gedankenübung, usw. immer an derselben Stelle, in derselben Sitzhaltung (Asana) und der gleichen Zeit durchzuführen. Der Raum wird dadurch nach und nach von Nebengedanken gereinigt und somit für schnellen Erfolg geladen, was natürlich auch willkürlich geschehen kann.

Yoga

Der Meister hat früher auch mal Hatha-Yoga gemacht. Keinen von seinen Schülern hat er daran gehindert Übungen egal welcher Art zu machen. Ich habe auch nach einem von ihm geliehenen Manuskript Asanas ausgeführt und bin bei einigen bis heute geblieben. Er hat mich darauf hingewiesen, daß durch die Asanas die Spannungen im Körper ausgeglichen werden, die durch die Konzentrationsübungen entstehen. Für den Abendländer genügt aber die Körperhaltung auf einem Stuhl mit senkrechtem Rückrat, wie es in seinem ersten Buch beschrieben ist. Wenn jemand Gefallen hat an einem bestimmten Asana-Sitz, so ist dagegen nichts einzuwenden, er muß aber so gewählt sein, daß er es lange Zeit darin aushalten kann. Ansonsten ist jede Art von Yoga nur **ein** Aspekt der einzelnen Elemente, dabei entspricht: Hatha-Yoga dem Willen - Feuer, Gnana-Yoga (Yoga der Erkenntnis) der Luft, Bhakti-Yoga (Liebe) dem Wasser und Radja-Yoga der Erde (Bewußtsein). Die Yoga-Systeme sind also einbahnig, können zwar zur Erleuchtung führen, aber nicht im Sinne des vierpoligen, universalen, vollkommenen Jod-He-Vau-He. Sie stellen nur eine Ergänzung dar.

Der Geist - Geisteszustände - Geistesentwicklung

Der Geist, das Denken, hat verschiedene Erscheinungs-

weisen. Das normale Denken spielt sich so ab, daß die Gedanken zerstreut vorbeilaufen, flatternd wie ein Schmetterling von einem Gegenstand oder Problem zum anderen, nur selten unterbrochen von Entschlüssen oder Entscheidungen des Willens. Um diese Zerstreuung zu überwinden, entwickeln wir nach und nach die folgenden Eigenschaften:
Konzentration: Verdichtung, Sammlung, Einhaltung, Verharrung.
Meditation (denkende Betrachtung): Grübeln, Überlegen, Nachdenken. Betrachten Sie ein Objekt oder auch ein Problem von verschiedenen Seiten, bis es Ihnen erkenntnismäßig **ganz** klar geworden ist.
Kontemplation: Vereinigung, Verschmelzung, Fusion, Identifizierung, Einfühlung, Einlebung, Gleichwerden.
Ein Schüler (Tschela) wurde in Tibet von seinem Meister beauftragt, über ein beliebiges ihm gut vertrautes Objekt nachzudenken, stufenweise durch Konzentration, Meditation und Kontemplation. Da der Schüler früher ein Hirte war, wählte er sich als Betrachtungsobjekt sein Lieblingstier, eine Yak-Kuh. Ab und zu kam der Meister, um sich nach den Fortschritten zu erkundigen. Einige Zeit ging dahin, bis der Meister eines Tages den Schüler in der Einöde aufsuchte und aufforderte, aus seiner steinigen Hütte herauszukommen. Der Schüler aber antwortete, daß er nicht hinausgehen könne, weil seine Hörner so groß geworden seien, daß er nicht mehr aus der Türe herauskönne, und abschließend ahmte er noch die Laute der Yaks nach.

Hier haben wir also ein Beispiel für eine gelungene Kontemplation, aber, wichtig ist eben, daß wir aus diesem Zustand jederzeit wieder in die Wirklichkeit zurückkehren können, somit den ganzen Vorgang voll beherrschen. Als weitere Geisteszustände wären zu nennen:

Die Ekstase (Verzückung) - Die Manifestation der universalen Grundeigenschaften des Willens, Glaubens (Feuer), des Verstandes (Luft), des Gefühls (Wasser) und des Bewußtseins (Erde).

Trance - Die Bewußtseinsversetzung in beliebige

Ebenen oder auch Gegenstände, und zwar nicht nur passiv - also beobachtend, sondern auch aktiv, schöpferisch, kreativ, wirkend.

Normales Denken kann man mit normalem Licht vergleichen, dessen Lichtteilchen, die Photonen, nach allen Richtungen schimmern, flimmern und schwingen. Sie enthalten alle Elemente, können aber durch ein Prisma in einzelne Farben (Elemente) zerlegt werden. Ferner kann durch ein Kristall des isländischen Kalksteins eine Lichtbrechung in eine Ebene oder Richtung hervorgerufen werden, also eine Polarisation. Dann ist das Licht nicht mehr zerstreut, sondern konzentriert. Wenn man das Licht entsprechend verstärkt, kann man bestimmte Wirkungen erzielen. Wird beispielsweise ein höchstkonzentrierter Lichtstrahl durch einen Edelstein, z.B. einen Rubin, geleitet, dann entsteht eine Art Laserstrahl, der bei gegebener Verstärkung der Energie jede Art von Materie beeinflussen kann. Dadurch werden auch Änderungen, ähnlich den alchemistischen Prozessen, hervorgerufen, wie man sie von der Atomspaltung kennt und den daraus entwickelten Atomkraftwerken und Vernichtungsbomben.

Der Meister behauptete, daß es in der Zeit des sagenhaften Atlantis dadurch zu der Weltkatastrophe, der sogenannten Sintflut, gekommen ist, weil unverantwortliche Magier durch ihre Experimente die Erdachse aus dem Gleichgewicht gebracht haben. Es kam zu einer Vibration und Deklination, wodurch dann die Weltkatastrophe ausgelöst wurde, Zerbrechung der Kontinente, Aufwölbung neuer Gebirge, Entstehung der Meeresgräben und Untergang von Atlantis. Also immer aufpassen beim Denken! Es ist alles so-o-o einfach, pflegte der Meister schmunzelnd zu sagen.

Wünsche

Hat man einen Wunsch, so soll man überlegen, **wozu** seine Verwirklichung gut ist, wer davon profitieren wird, und insbesondere, ob jemand dadurch keinen Schaden erleiden kann. Denn der Wunschschöpfer muß die Verantwortung tragen und alles wieder in Ordnung bringen, wenn er einen Fehler machen sollte. Jeder Mensch kennt sicher Beispiele aus seinem Leben. Wie ich bereits erwähnt habe, hatte der Meister einmal die Beherrschung verloren und einen Fluch ausgesprochen, dessen negative Wirkung er wieder ausgleichen mußte. Dabei hat mich der Meister darauf aufmerksam gemacht, daß man immer streng unterscheiden muß, ob man als gewöhnlicher Mensch handelt oder als Hermetiker, weil die Wünsche entsprechend verwirklicht werden, aber auch die Verantwortung getragen werden muß. Im Roman "Frabato" hat ihn Urgaya ermahnt, weil er ab und zu mal der Göttlichen Vorsehung etwas "nachgeholfen hat" durch Verhinderung oder sogar Bestrafung des Bösen, obwohl die Zeit dazu noch nicht reif genug war.

Der Hermetiker sollte seine Wünsche unter das Motto stellen: "Ich will selbst **besser** und **vollkommener** werden, um den **anderen** Menschen mehr **helfen** zu können". Dies sollte ein Leitmotiv sein. Selbstsüchtige Wünsche werden immer negative Folgen haben - was keine Drohung sein soll, sondern nur eine Warnung. Ein anderes Beispiel: Hilfe leisten für einen Menschen in Not, egal ob diese Not geistig-seelisch oder vielleicht physisch ist. Die Entscheidung liegt jedenfalls bei uns und kann sich nach folgenden Regeln richten:

1. Würde uns dieses Ereignis nicht betreffen, wäre uns dieser Mensch nicht **begegnet**.

2. Als Hermetiker müssen wir erkennen können, ob es sich um eine **Schicksalsbelehrung** handelt. Ist dies der Fall, und wir beseitigen die Notlage, so müssen wir gleichzeitig den Wunsch damit verbinden, daß die Göttliche Vorsehung eine andere Schicksalsbelehrung dafür geben möge.

Der Meister erzählte mir, daß er einmal ein junges Mädchen heilte, deren Lungen von Tuberkulose bereits stark zerstört waren. Da die Krankheit jedoch mit Schicksal oder Karma verbunden war, wurde er selbst durch unheimliche Hindernisse zur Verantwortung gezogen, so daß er gezwungen war, den Heilungsprozeß wieder rückgängig zu machen. Als ich dies hörte, hat mich Ehrfurcht ergriffen. Es klang unwahrscheinlich, aber es **ist** möglich, denn ein wahrer Adept kann **allmächtig** werden, wenn er alle Universalgesetze beachtet und seine Taten ausreichend begründet.

Wenn man einen gewissen Grad der Entwicklung erreicht, muß man die Entscheidung treffen - also den **Hauptwunsch** des weiteren **Lebens** äußern, und an seiner Erfüllung dann weiterhin durch Sekunden, Minuten, Stunden, Tage, Monate und Jahre arbeiten. Je mehr Kenntnisse und Fähigkeiten einer hat, desto kompliziertere Aufgaben muß er meistern, wenn er sich einmal dafür entschieden hat. Selbstverständlich wird er entsprechende Erkenntnisse entwickeln, auch Einfälle, Intuitionen, Kraft und Macht aktiv schöpfen, was die Vorstellung eines normalen Menschen weitgehend übersteigt. Über diese **Aufgaben** wird er niemals sprechen, oder sich gar wichtig machen, weil dies dazu führen könnte, daß einerseits die Wirkungen der Wünsche abgeschwächt werden, während ihm andererseits zeitweilig die Macht entzogen wird den Leidenden zu helfen, was für ihn die größte Strafe bedeutet, wenn er seine Lebensaufgabe nicht weiter erfüllen kann. Bei entsprechender Reife wird man allerdings nur selten solchen Versuchungen verfallen. Mit Schülern auf dem Weg zur Einweihung kann man aber schon darüber sprechen, um ihnen Mut und Aufmunterung zu bringen und ihnen auf ihrem Wege weiterzuhelfen, so wie es der Meister mit mir gemacht hat. Für die Öffentlichkeit sind nicht alle Beispiele geeignet, weil sie sich dem normalen Urteilsvermögen und Verstand entziehen.

3. Wir sollten nicht allzuviele Wünsche auf einmal anstreben. Die Kraft der Verwirklichung zerstreut sich, und die Erfüllung kann dann lange dauern, oder sogar gar nicht erfolgen. Hier liegt ein Hauptfehler bei der Introspektion. Es ist besser nur eine negative Eigenschaft auszuwählen, um sie in eine **positive** umzuwandeln, dafür seine ganze Kraft

einzusetzen, um sich der negativen zu entledigen und sich der positiven ein für allemal zu bemächtigen. Daß die Göttliche Vorsehung durch verschiedene Hindernisse unsere Eigenschaften zu stärken sucht, dessen können wir gewiß sein, und zwar um so mehr, je größer unsere Sehnsucht nach dem Besitz einer bestimmten Eigenschaft sich steigert. Deswegen sollten wir mit Lächeln alle Hindernisse willkommen heißen, welche zu unserer Vollkommenheit beitragen sollen. Wir sollten damit rechnen, sie erkennen, uns sogar darüber freuen - aber nicht jammern und fluchen, oder uns gekränkt fühlen.

4. Ein besonderes Kapitel sind unsere **unbewußten Wünsche**, eher Träume, die **plötzlich**, aber mit großer Kraft zur Verwirklichung drängen. Diese entstehen aus Gedankenformen, Schemen und Larven, die einigermaßen Selbsterhaltungstrieb besitzen und sich auch in der Nähe gleichgesinnter Menschen bewegen, um auch von ihnen Kraft abzuzapfen. Eines Tages wird man vielleicht mit Überraschung feststellen, daß die traumerwünschte physische Person, vorher nicht bekannt, aber dem Wunsch wortwörtlich entsprechend, vor uns stehen wird. Am Anfang wird es uns nicht bewußt, aber nach und nach wird uns klar, daß es so ist. Dem Höherentwickelten kann sich z. B. eine Undine vorstellen, in leiblicher Form und Eigenschaften dem Traum entsprechend, um seine Wünsche zu erfüllen. Selbstverständlich hindert dies die Entwicklung, oder führt sogar davon weg, so wie es von Meister Bardon im "Frabato" und in "Die Praxis der magischen Evokation" beschrieben wurde. Auch meinem Freund ist es passiert, und ich kann sagen, daß es so verhängnisvoll werden kann, wie der Meister es geschildert hat. Solch ein Wesen kann die Gedanken lesen und sich somit unseren heimlichsten Vorstellungen anpassen, wird nie unangenehm, erfüllt alle Wünsche, und nach und nach lockt es den Magier unauffällig von dem Weg fort, den er in Wirklichkeit gehen wollte und den Gesetzen entsprechend auch gehen sollte.

In der griechischen Sage war es die Zauberin Circe, die

den Odysseus auf ihrer Lustinsel aufhalten wollte, um ihn von seiner Heimkehr abzubringen.

Ich habe daraus **meine** Lehre gezogen und bin die ganze Gedankenebene durchgegangen, um mich von allen unwillkürlichen Wünschen zu befreien und zu säubern. Seit dieser Zeit bin ich auf der Hut, und überlege dreimal, ehe ich einen wunschgefüllten Gedanken loslasse. Diese Dinge sind in des Meisters Büchern nicht umsonst beschrieben, obwohl man vielleicht denkt: "Das könnte mir nicht passieren", wie auch ich es einst gedacht habe.

Der Meister hat erzählt, er habe einmal eine Undine gekannt, die ihm sehr angenehm war, aber ihr Partner, ein Wassermann, war sehr eifersüchtig und hat dem Meister allerhand Unannehmlichkeiten bereitet, deshalb habe er das Verhältnis wieder aufgegeben. Damals hatte er mir nichts weiter angedeutet. Ich hatte in jener Zeit angefangen, die Venussphäre und ihre Wesen zu besuchen, ohne daß es mir etwas ausmachte. Darum war ich ganz sicher - bis es mir auf einmal so ging wie dem Patienten, dem ein Dachziegel auf den Kopf gefallen war: "Fünfzig Jahre gehe ich täglich um dieselbe Ecke, nie ist mir etwas passiert, doch ausgerechnet heute, auf einmal ..... Können Sie mir das erklären Herr Doktor?"

Persönlicher Gott

Einst fuhr ich an einem sommerlichen Abend mit dem Meister zusammen im Auto. Es war kurz vor Sonnenuntergang, die Natur war voller Harmonie, welche wir schweigend genossen. Tief in Gedanken versunken, saß ich neben dem fahrenden Meister. Auf einmal - wie ein Blitz aus klarem Himmel - sagte der Meister: "Wählen Sie Ihren persönlichen Gott!" Das war ein Paukenschlag! In nicht ganz einer Minute schoß mir mein bisheriges Leben durch den Kopf, meine Zukunftspläne - und die Wahl wurde getroffen: Energiequelle, Name, Inhalt/Eigenschaft, Form,

Zeitbegrenzung und Fingerritual - im Nu geschafft. Der Meister nickte schweigend und wir setzten die Reise friedensvoll fort.

Körper - Askese - Sport

Von einem Schüler habe ich gehört: "Ich hasse meinen Körper! Er hindert mich am schnelleren Weg in der Hermetik. Er ist voller Wünsche, und ich muß die Zeit vergeuden mit seiner Versorgung und Verpflegung, seinem Lebensunterhalt. Diese Zeit würde ich lieber der Geistesentwicklung widmen!" Es geschieht nichts umsonst auf dieser Welt. Der Körper dient zur Vervollkommnung des ganzen menschlichen Wesens. In ihm spielt sich der volle Entwicklungsprozeß ab. Ohne ihn ginge es nicht. Das Denken ist an die Gehirnzellen gebunden, das Leben ist ohne Lungen und Atem nicht möglich, die übrigen Körperteile sind für die materielle Welt und den Umgang in derselben bestimmt. Dementsprechend sollen wir uns um unseren Körper kümmern, wie es in den zehn Stufen des Meisters Werk beschrieben ist. Wir sollten uns zu ihm wie zum jüngeren Bruder oder zur jüngeren Schwester verhalten. Liebevoll ihn versorgen, damit er gesund bleibt, ihn aber nicht verwöhnen oder ihm zuviel entziehen, was zu Gesundheitsmängeln führen könnte. Wem Sport Spaß macht, der sollte ihn weiterbetreiben in vernünftigen Grenzen. Keine Spitzenleistungen mit der Gefahr von Unfällen, sondern zum Ausgleich der geistigen und seelischen Spannungen. Zur Kräftigung der Gesundheit, Steigerung der Widerstandsfähigkeit, Ausdauer, Zähigkeit, Entschlossenheit, Mut und Kombinationsgabe. Die körperliche Bewegung bringt Freude, Zufriedenheit, Entzückung und Lust an der Bewältigung von Hindernissen.

Schicksal - Karma

Ein lateinisches Sprichwort sagt: "Astra inclinant, non necessitant" (Die Gestirne beeinflussen, aber sie zwingen nicht). In der Mentalebene haben wir uns vor unserer Geburt für eine bestimmte Familie, Ort, Zeit und weitere Umstände des ganzen zukünftigen Lebens, also für ein entsprechendes Schicksal oder Karma, entschieden, um unserer Weiterentwicklung oder Mission nachgehen zu können. Wir sind zwar in einem ganz bestimmten Tierkreiszeichen geboren, was aber nicht heißt, daß wir uns dazu passiv verhalten müssen, etwa mit der Ausrede: "Ich kann nichts dafür." Im Gegenteil, durch unseren freien Willen, und das Wissen darüber, welche Eigenschaften uns dadurch zubereitet sind, sollten wir das Möglichste und Höchste herauszuholen versuchen. So wie es Beethoven sagte: "Ich möchte dem Schicksal tief in den Rachen greifen, ganz niederbeugen kann ich mich nicht!" Alles, was auf uns zukommt, sollen wir mit Demut und Dankbarkeit zur Göttlichen Vorsehung begrüßen, um daraus, unserem Leben, den Kräften, der Erfahrung, Entwicklung und Reife und den Umständen entsprechend, das Beste zu machen. Am Guten uns freuen, aus dem Bösen lernen, wie schon gesagt wurde. Wir müssen fragen lernen und Antworten suchen, warum uns das und jenes, der und die oder jenes begegnet, was es zu bedeuten hat, was wir für jemand tun können, oder andererseits von jemand lernen können. So werden wir unser Leben interessant finden und gestalten, und es mit Entzückung entgegennehmen. Jeden Tag mit gutem Gewissen schlafen gehen, mit dem Gedanken vor dem Einschlafen, wie wir es morgen besser meistern werden. Nicht weinen über die Vergangenheit und die Schwierigkeiten, die uns zugestoßen sind, sich nicht vor der Zukunft fürchten, sondern freudig im großen JETZT selig leben - für immer. Keine Gewissensbisse - es das nächste Mal besser gestalten - ist die Parole. Einst wird es gelingen - wenn auch nach dem fünften Mal. Nur den Glauben nicht verlieren, daß wir erreichen werden, was wir uns vorgenommen haben. Wissen, Wollen, Wagen, Schweigen, sind die vier Säulen des Erfolges. Nicht leiden, sondern **leiten**.

* * *

Abbildungen und Dokumente

Franz Bardon

Der Weg zum wahren Adepten

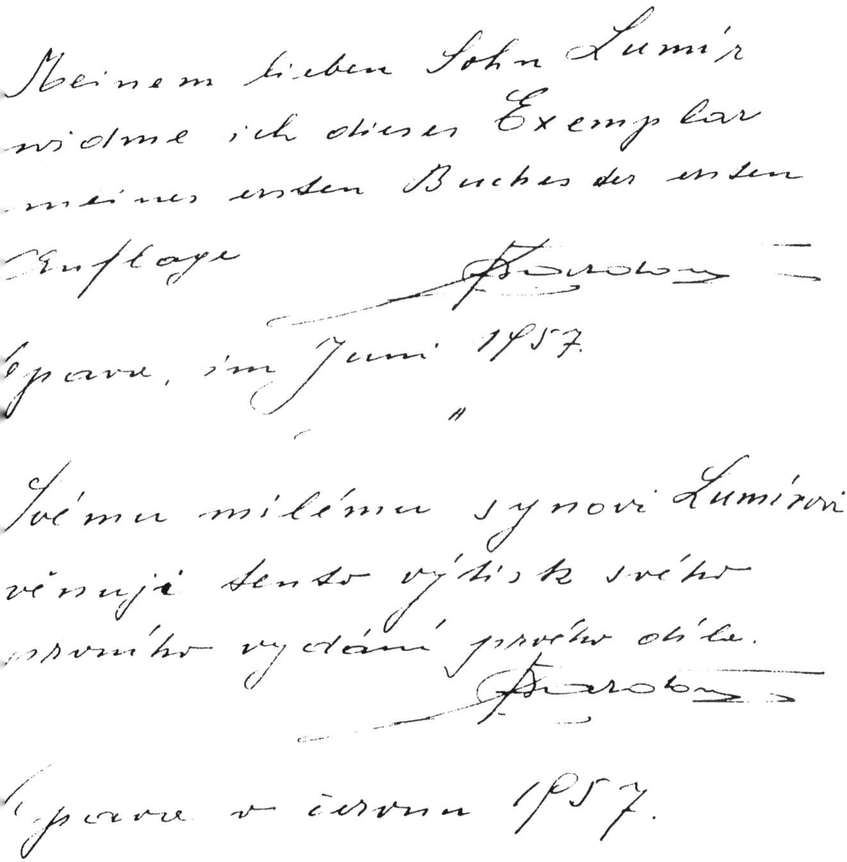

Meinem lieben Sohn Lumír
widme ich dieses Exemplar
meines ersten Buches der ersten
Auflage
Bardon

Opava, im Juni 1957.

Svému milému synovi Lumírovi
věnuji tento výtisk svého
prvního vydání prvého díla.
Bardon

Opava v červnu 1957.

Widmung Franz Bardons für seinen Sohn Lumir
in "Der Weg zum wahren Adepten"

Franz Bardon

Die Praxis der magischen Evokation

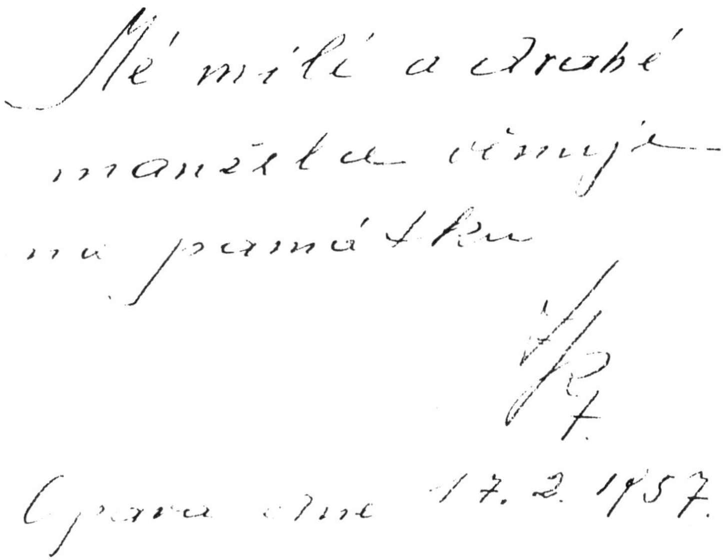

Widmung Franz Bardons für seine Gattin Marie
in "Die Praxis der magischen Evokation"

Franz Bardon

Der Schlüssel zur wahren Quabbalah

Svému milému synovi
Lumírovi věnuje
tuto knihu na
památku
otec

F. Bardon

V Opavě dne 27 října 195[illegible]

Widmung Franz Bardons für seinen Sohn Lumir
in "Der Schlüssel zur wahren Quabbalah"

Franz Bardon - ca. 1930

Franz Bardon und Gattin Marie

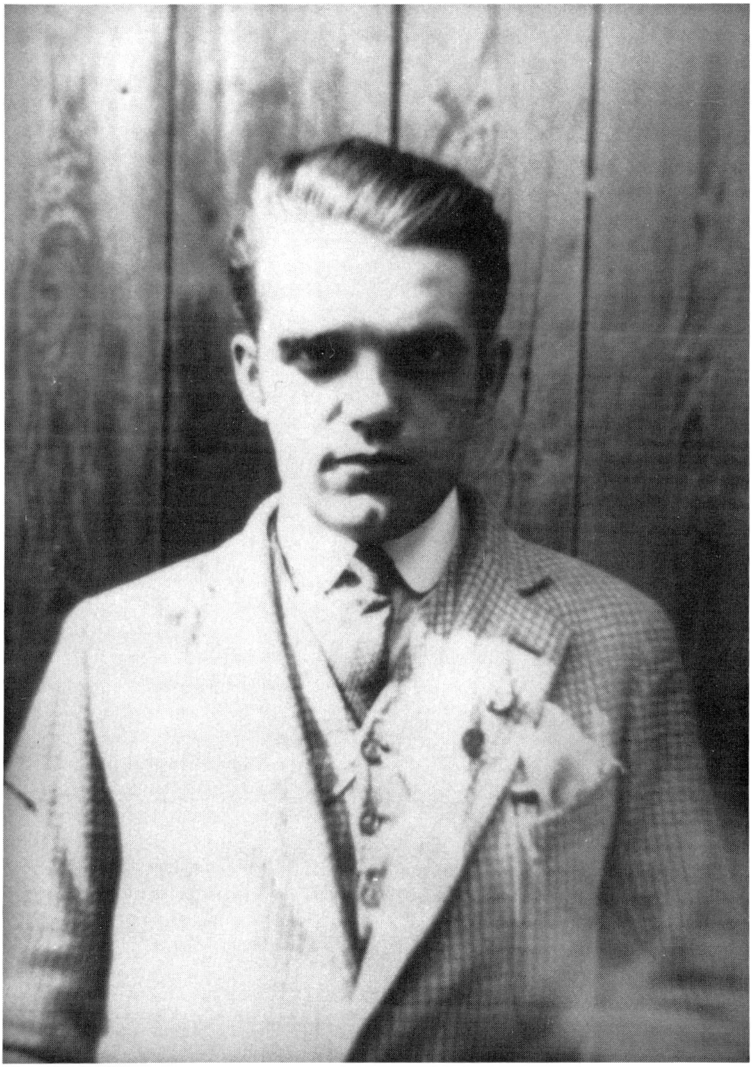

Franz Bardon - ca. 1935

Franz Bardon - 1946

Franz Bardon - 1946

Franz Bardon - 1947

Franz Bardon - 1948

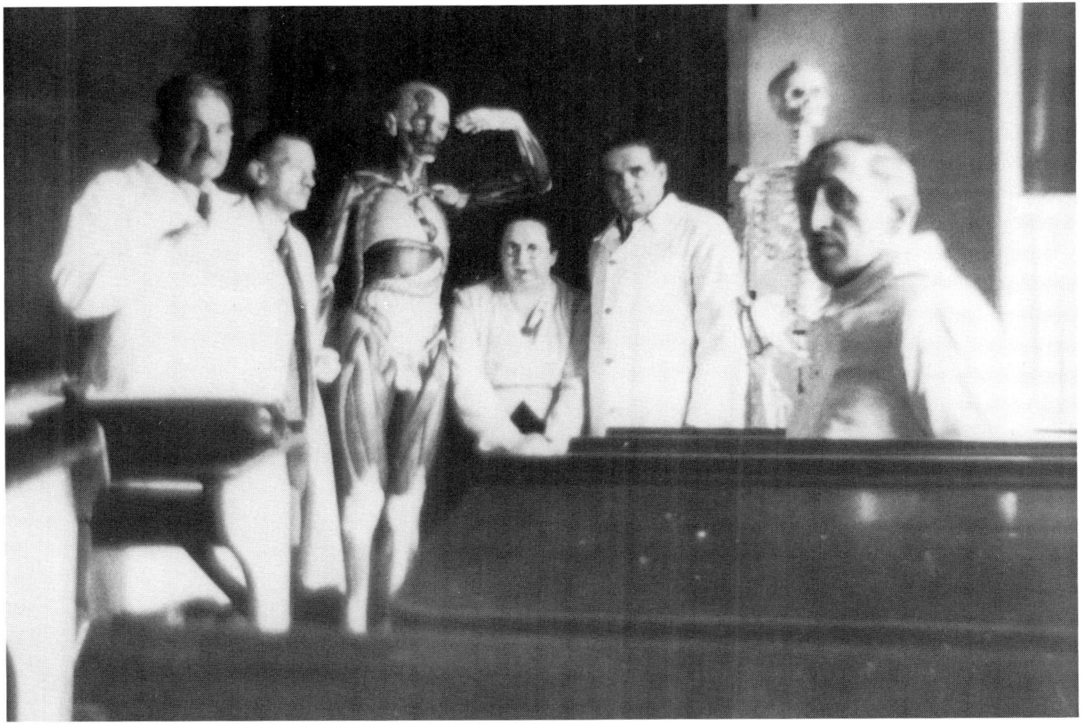

Franz Bardon, zweiter von rechts.

Franz Bardon - 1950

Franz Bardon - 1951

Franz Bardon und Gattin Marie - 1950

Franz Bardon und Tochter Marie - 1950

Franz Bardon - 1950

Franz Bardon und Gattin Marie - 1952

Franz Bardon - 1952

Von links: Franz Bardon und Dr. M.K. - 1953

Franz Bardon - 1954

Franz Bardon - 1955

Franz Bardon - 1956

Franz Bardon und Sohn Lumir - 1956

Von links: Dr. M.K., Franz Bardon - 1956

Von rechts: Marie Bardon, Franz Bardon, Tochter Marie Bardon, Maria Pravica, ganz links Otti Votavova (1957)

Franz Bardon

Die Praxis der magischen Evokation

Meinem lieben Freund
und Schüler Dr. M
K zum Andenken

Bardon

Opava, den 28. 7. 57.

Widmung für Dr. M. K.
in "Die Praxis der magischen Evokation"

Franz Bardon

Der Schlüssel zur wahren Quabbalah

Widmung für Dr. M. K.
in "Der Schlüssel zur wahren Quabbalah"

Im gleichen Verlag sind erschienen:

Franz Bardon

Der Schlüssel zur wahren Quabbalah

Das Geheimnis der 3. Tarotkarte - die Magie des Wortes. Die kosmische Sprache in Theorie und Praxis. Der Quabbalist als vollkommener Herrscher im Mikro- und Makrokosmos. Aus dem Inhalt:
Theorie: Der Mensch als Quabbalist. Die Analogiegesetze. Das magisch-quabbalistische Wort. Die Mantras. Die Tantras. Die Zauberformeln. Quabbalistische Magie. Praxis: Buchstabenmystik. Quabbalistische Inkantation. Die zehn quabbalistischen Schlüssel. Tetragrammaton: Jod-He-Vau-He. Der quabbalistische Vierer-Schlüssel. Die quabbalistische Mystik des Alphabets.
Formelmagie: Das quabbalistische Alphabet Der Zweier-Schlüssel. Der Gebrauch des Dreier-und Vierer-Schlüssels. Die Formeln der Elemente. Der quabbalistische Gebrauch göttlicher Namen und Wesen.

ISBN 3-921338-21-2 * 5. Auflage, 272 Seiten, 2 Abb.

Franz Bardon

Frabato

Autobiographischer Roman

Der Roman schildert wichtige Lebensabschnitte von Franz Bardon, die sich auf seine besondere Mission für die Entwicklung der Menschheit beziehen. Zwischen weißen und schwarzen Magiern kommt es im Laufe der Handlung zu unerbittlichem Kampf. Es werden die intimsten Praktiken schwarzmagischer Logen beschrieben.

ISBN 3-921338-22-0 * 196 Seiten

Dieter Rüggeberg

Theosophie und Anthroposophie im Licht der Hermetik

Eine vergleichende Studie zu den wichtigsten Grundlagen in den Lehren von Helena P. Blavatsky, Rudolf Steiner und Franz Bardon. Aus dem Inhalt:
Akasha und die vier Elemente. Geist, Seele und Körper. Mentale, astrale und physische Welt
Die geistige Hierarchie und die Planetensphären. Magie — Das Faust-Problem. Quabbalah — die Wissenschaft des Wortes. Der okkulte Weg zur Einweihung.

ISBN 3-921338-10-7, * 131 Seiten

Dieter Rüggeberg

Christentum und Atheismus im Vergleich zu Okkultismus und Magie

Eine vergleichende Studie zu den weltanschaulichen, wissenschaftlichen und machtpolitischen Grundlagen.
Aus dem Inhalt: Gott und Mensch - Die Analogiegesetze. Die geistige Hierarchie - Engel und Dämonen. Metatron und Christus. Reinkarnation - oder Himmel und Hölle? Zur Ethik. Okkultismus und Magie als Wissenschaft. Erkenntnistheorie — Glauben und Wissen. Machtpolitik durch Religion und Magie.

ISBN 3-921338-12-3 * 197 Seiten

Dieter Rüggeberg

Geheimpolitik

Der Fahrplan zur Weltherrschaft

Die "Protokolle" als Grundlage internationaler Machtpolitik. Kirchen, Logen und Orden im Kampf um die Weltherrschaft Geheime Machtpolitik durch Religion und Magie. Deutschland im Fadenkreuz. Die Verbindungen zwischen der Geheimgesellschaft des C. Rhodes, dem Orden "Skull & Bones" und dem Vatikan. Wall-Street und die Finanzierung des Nationalsozialismus. Ursachen des "Eisernen Vorhanges" zwischen Ost und West. Die Kriegspläne gegen Mitteleuropa hinter dem Versailler Vertrag, dem Morgenthau-Plan, dem Deutschlandvertrag und dem Zwei-plus-Vier-Vertrag.

Die "Protokolle" als Hintergrund der "Neuen Welt-Ordnung" des früheren US-Präsidenten George Bush. Ursachen und Hintergründe für den Zusammenbruch der Sowjetunion und die Planung des 3. Weltkrieges.

ISBN 3-921338-15-8, * 4. Auflage, 241 Seiten

Dieter Rüggeberg

Geheimpolitik - 2

Logen - Politik

Ergänzungen zu den "Protokollen". Historisches zur Freimaurerei — Ursprung und Entwicklung.

Freimaurerei und Weltanschauung, besonders im Hinblick auf den Dogmatismus der Freimaurerei. Hochgradlogen — mit besonderer Berücksichtigung des "Schottischen Ritus". Logenzweige — Ein Labyrinth. Freimaurerei und Politik — vom Idealismus zum Materialismus. Aus der Trickkiste. Biographisches — offen gesagt.

ISBN 3-921338-16-6 * 317 Seiten

Dr. Georg Lomer

Lehrbriefe zur geistigen Selbstschulung

In sieben Lehrbriefen gibt Dr. Lomer Anweisungen zur höheren Geistesschulung. Aus dem Inhalt: Mache Dich auf, werde Licht!
Deine besondere Sendung, die Umarbeitung des Charakters, das Denken — beseelte Elektrizität, der Gedanke — ein Kraftsystem im kleinen, die Quellen der Gedankenkraft Die große Konzentration, Selbstbefehl und Glaube. Magie des Auges — die Entwicklung des Meisterblicks, Hasse niemand — fürchte nichts, die große Bruderschaft, vom Geheimnis der Atmung, die Periodik des Schicksals. Eine Warnung, welche Du ernst nehmen sollst. Lerne schweigen! Dein Weg zu Dir — Dein Weg zu Gott, die Söhne des Urlichts, der geistige Atem, die Erweckung des höheren Ich, Wortmysterien, die Seele der Vokale, das heilige OM und seine Praxis. Imprägniertes Wasser, die Unendlichkeitsübung, die Verzinsung der Gedanken, vom Schicksal der Gestorbenen, die Sonnenatmung, Sonnenmeditation, vom geistigen Wandern, der Glaube als Willenspotenz. Die Mystik des weißen Lichtes, der siebenarmige Leuchter, von Gottes Zweigestalt, die Welt als Liebesmysterium, die mystische Liebe, die Lehre vom geistigen Vakuum, die Sternen-Atmung.

ISBN 3-921338-20-4 * 197 Seiten

In Vorbereitung:

Karl Brandler-Pracht

Lehrbuch zur Entwicklung der okkulten Kräfte

ISBN 3-921338-23-9 * 309 Seiten

****

Dieter Rüggeberg - Verlag
Postfach 13 08 44
D - 42035 Wuppertal
Tel. + Fax: (49) 02 02 - 59 28 11

****